ASSIM QUE PASSAREM CINCO ANOS

LENDA DO TEMPO

I0156828

FEDERICO GARCÍA LORCA

TRADUÇÃO, APRESENTAÇÃO E NOTAS
CLAUDIO CASTRO FILHO

IMPRENSA DA UNIVERSIDADE DE COIMBRA
COIMBRA UNIVERSITY PRESS

Coordenação Editorial

Imprensa da Universidade de Coimbra
Email: imprensauc@ci.uc.pt
URL: http://www.uc.pt/imprensa_uc
Vendas online: http://livrariadaimprensa.uc.pt

Concepção Gráfica

António Barros

Infografia

Mickael Silva • IUC

Print by

CreateSpace

ISBN

978-989-26-0846-4

ISBN Digital

978-989-26-0847-1

DOI

http://dx.doi.org/10.14195/978-989-26-0847-1

Depósito legal

385065/14

ASSIM QUE PASSAREM CINCO ANOS

CINCO ANOS

LENDA DO TEMPO

FEDERICO GARCÍA LORCA

TRADUÇÃO, APRESENTAÇÃO E NOTAS
CLAUDIO CASTRO FILHO

IMPRENSA DA UNIVERSIDADE DE COIMBRA
COIMBRA UNIVERSITY PRESS

SUMÁRIO

NOTA PRÉVIA

O presente trabalho de estudo e tradução de *Assim que passarem cinco anos* integra-se no projeto de investigação pós-doutoral *"Nueva manera espiritualista": receção da lírica clássica na obra tardia de Federico García Lorca*, financiado pela Fundação para a Ciência e a Tecnologia (triénio 2013-2015) e co-sediado na UI&D Centro de Estudos Clássicos e Humanísticos (Universidade de Coimbra) e no Departamento de Lingüística General y Teoría de la Literatura (Universidad de Granada).

APRESENTAÇÃO

Yo, para quien el presente
tiempo solamente es fijo,
pues si miro hacia el pasado,
y si hacia el futuro miro,
es tiempo presente todo
futuro o pasado siglo...

Calderón de La Barca,
La vida es sueño, vv. 332-337.

Federico García Lorca (1898-1936) destaca-se, como poeta, entre os grandes criadores da língua castelhana no século XX, mas não seria exagero afirmar que o seu contributo como dramaturgo e esteta teatral constitui o que de facto torna o artista granadino um dos mais complexos autores europeus do seu tempo. *Assim que passarem cinco anos* é um testemunho exemplar da complexidade do universo teatral lorquiano, já que nesta peça o poeta pôs em marcha todo um projeto pessoal de renovação estética da cena espanhola. Para Lorca e os seus contemporâneos, fazia-se urgente algum sopro vanguardista sobre um teatro que julgavam estar, até ali, confinado aos cânones do drama burguês herdados do século XIX. *Grosso modo*, o teatro modernista espanhol – sintetizado em autores como Eduardo Marquina – alinhava-se com os preceitos estéticos da geração simbolista no mundo lusófono (cf. Lourenço 2005: 93-105).

Escrita entre 1930-1931, *Assim que passarem cinco anos* – que integra, ao lado de *O público* e da inacabada *Comédia sem título* (vd. García Lorca 1987: 123-137), a trilogia lorquiana do *teatro impossível* – coincide no tempo com a composição daquela que, não sem o merecer, é considerada a obra-prima de García Lorca no terreno lírico: *Poeta em Nova Iorque*. A coincidência, porém, não se limita à concomitância temporal, mas diz respeito também a pertencerem ambas as realizações ao projeto lorquiano, em voga pelo menos desde 1928, de promover uma guinada vanguardista na sua própria escrita, fosse ela lírica ou dramática. Tal empresa, denominada pelo próprio poeta como "la nueva manera espiritualista" (*OC* vol. III: 1080), está marcada sobretudo por uma nova atitude face à tradição. Se, ainda na fase de juventude, a singularidade da escrita de Lorca não o poupou, principalmente entre os seus pares, a críticas ao seu acento *gitano* e à suposta nostalgia romântica da paisagem andaluza patente na sua poesia, nesta nova maneira espiritualista a cor local das primeiras obras sofre o crivo de um olhar agora mais cosmopolita, atento não só à tradição literária e teatral que lhe serve de legado, senão também às tendências estéticas que apontam para uma arte do futuro.

É permanente, em Lorca, o conflito entre tradição e vanguarda; sintoma crucial de tal tensão, aliás, manifesta-se no vínculo do poeta com a célebre *Generación del 27*. Na companhia dos poetas Pedro Salinas, Jorge Guillén, Damaso Alonso, Gerardo Diego, Rafael Alberti, Vicente Aleixandre, Luis Cernuda, Emilio Prados e Manoel Altolaguirre, Federico García Lorca empenha-se na celebração de uma tertúlia em homenagem ao quarto centenário de morte de Góngora, que se veio a realizar em dezembro de 1927 no Ateneu de Sevilha (cf. Soria Olmedo 2010). O cariz inusitado de um evento em que jovens poetas, ávidos pela transformação das letras espanholas, voltavam os seus olhares para um ícone da tradição barroca marcou sobremaneira a estética do grupo, que daí em diante caminhará no fio da navalha entre legado tradicional e inovação poética.

No entanto, o que aparentemente constitui uma dialética entre inclinações estéticas opostas demonstra ser, na verdade, um jogo poético coerente. Como assinala Soria Olmedo (2004: 17), quando o assunto é Lorca e os seus companheiros de geração, "es importante tener claro que tradicional no equivale a tradicionalista". Ou seja, o que se vai buscar em Góngora não reside na ideia de fonte tradicionalista propriamente dita, senão no caráter renovador que o poeta das *Soledades* e do *Polifemo* imprimiu na língua castelhana do seu tempo. No que diz respeito a Lorca, não se trata de um retorno saudosista ao passado, mas de uma intensa negociação com antigas vozes literárias que enfrentaram problemas estéticos análogos aos seus.

Embora a *Generación del 27* não se constitua como um movimento literário ao pé da letra, dois aspetos caracterizam-se, em linhas gerais, como marca estética do grupo. Há, por um lado, a busca de um formalismo fenomenológico, marcado por preceitos estilísticos e ideológicos ligados à tradição mística e barroca espanholas. Por outro, há o espírito de renovação que confere ao fazer poético um cariz de aposta no porvir; e a poesia do porvir, àquela altura, tem no surrealismo o seu principal referente. No embate entre passado e futuro que constitui a efervescência daqueles dias, é interessante notar a adesão do grupo à ideia de *poesia pura*, conceito que, por contrafação, designará uma liberdade criadora capaz de conjugar as mais díspares influências e contaminações.

No caso de Lorca, além da já mencionada receção da herança barroca (especialmente de Góngora e Calderón de La Barca), será marcante para a maturação da sua escrita o diálogo com a filosofia (Nietzsche, Unamuno e Ortega y Gasset são os paradigmas), com as artes visuais (em especial com as estéticas surrealista e expressionista) e, finalmente, com a tradição greco-romana (a tragédia clássica e a poesia arcaica, sobretudo). Tanto nos seus textos teatrais mais canónicos como nas suas obras de cariz experimental (entre as quais *Assim que passarem cinco anos* e as demais peças do ciclo impossível são exemplos cristalinos), Lorca nunca perdeu de vista a noção de *teatro poético*. Nesse sentido, a estética barroca – quer no que se refere à poesia mística, quer no que ao chamado teatro clássico espanhol diz respeito – serviu ao poeta como um incontornável manancial literário, cujos ecos se fizeram ouvir tanto na sua escrita lírica quanto na dramática.

O que Lorca chamou, no legado gongórico, de *inspiração*, pode ser compreendido como um domínio instintivo situado no que de mais íntimo e primário possui o gesto criador. Para o granadino, as novas gerações de poetas (refere-se, em particular, à escola surrealista *stricto sensu*) estariam demasiado apegadas à imaginação, o que reduziria o fazer literário à criação do facto poético. No entanto, os poetas da geração de Góngora, mais que imaginativos, eram inspirados: a inspiração, neste caso, consiste em dar às imagens, que pertencem a uma lógica humana, uma forma poética propriamente dita: "la imaginación es un descubrimiento, la inspiración es un don, un inefable regalo" (*OC* vol. III: 101).

No que ao universo teatral diz respeito, é interessante observar que a escrita de *Assim que passarem cinco anos* coincide, no tempo, com a encenação, assinada pelo próprio Lorca, do auto sacramental *A vida é sonho*, de Calderón de La Barca, levada a cabo pela companhia de teatro universitário La Barraca a partir de 1932, e mantida em repertório até 1937. Embora o primeiro manuscrito de *Assim que passarem* date de 1931, Lorca em diversos momentos regressa à escrita da obra, sobretudo a partir de 1933, quando Pura Ucelay, encenadora do madrileno Club Teatral Anfistora, põe em marcha o projeto de levá-la ao palco. Nesse contexto, não serão poucos os pontos de convergência entre a matriz barroca plasmada em Calderón (sobretudo sob a leitura que do bardo do *Siglo de Oro* fazem os "barracos") e as experimentações alegóricas que Lorca realizará neste seu teatro mais irredento, composto na viragem das décadas de vinte para trinta.

A questão da temporalidade impõe-se, em *Assim que passarem cinco anos*, desde o argumento; não por acaso, Lorca subtitulou a obra como Lenda do Tempo. A peça conta-nos, num primeiro plano, a angústia existencial de um Jovem que sofre a amargura da espera pela sua Noiva, cuja viagem mar adentro o obrigou a adiar por cinco anos a celebração do casamento. Como é de praxe em várias outras obras do teatro lorquiano, poucas são as personagens nomeadas: à maneira do drama expressionista alemão, o poeta tipifica as suas personagens segundo a função que exercem na ação dramática, numa clara exploração arquetípica das figuras em cena (herança, também, do cariz alegórico das personagens do drama barroco).

Também se repete, na obra em causa, o tema tipicamente lorquiano do amor procrastinado: adiar a experiência amorosa constitui, assim, um erro irreparável, uma autêntica *hamartia*. Em *Assim que passarem*, a Noiva, às vésperas do regresso da sua longa jornada oceânica, é arrebatada pela paixão por um Jogador de Râguebi. A espera do Jovem revela-se, por fim, em vão e a sua condição passiva diante da própria existência, num constante postergar da plenitude amorosa (sinónimo, em Lorca, da plenitude vital ela mesma), aliena-o a tal ponto da realidade mais imediata que, à maneira do que assistimos no teatro de Calderón, já não sabemos discernir os limites entre o real e o sonho, o vivido e o imaginado. O vínculo, de raiz sacramental, entre o Tempo e o Sonho explicita-se, na peça de Lorca, na canção entoada pelo Arlequim, na fantasiosa cena que abre o ato terceiro:

> *O Sonho vai sobre o Tempo*
> *a flutuar como um veleiro.*
> *Ninguém pode abrir sementes*
> *no coração do Sonho.*
>
> *O Tempo vai sobre o Sonho*
> *fundido até aos cabelos.*
> *Ontem e amanhã comem*
> *escuras flores de duelo.*

O jogo alegórico da temporalidade revelar-se-á, ainda, nos diversos espelhamentos que a obra movimenta. A figura do Velho, interlocutor mais imediato do Jovem protagonista, funciona, para diversos hermeneutas da obra, como uma espécie de personificação de *Kronos*, na medida em que o seu estado decrépito simbolizaria a ironia cronológica da própria vida, que tem na inexorável finitude da jornada a razão de ser da nossa incansável busca de um sentido último. Esse mesmo pressentimento trágico da experiência temporal reforça-se na figura do Menino morto, revelada no insólito diálogo *post mortem* com uma Gata, também ela morta, no ato primeiro. Serão constantes as alusões à sua defunção no decurso do drama, sempre em paralelo ao lamento do próprio Jovem por não deixar descendência. Cabe recordar que no humanismo unamuniano a descendência tem justamente o sentido de perpetuar o eu no futuro, ou seja, constitui "un principio de continuidad en el tiempo" (Unamuno 2005: 106). A frustração amorosa que assola o percurso vital deste Jovem lorquiano, sob tal ponto vista, reitera o seu trágico fado à finitude e ao esquecimento.

Jogo de espelhos similar realizou Calderón, no auto que inspirou Lorca, com as figuras da Sombra e do Príncipe das Trevas. A primeira, alegoria da própria morte, destila os males do mundo e dos homens: à maneira cristã, cumpre uma sina semelhante à de Pandora na mitologia clássica. O segundo, por sua vez, em tudo se vai opor à Sombra, já que revela, desde a alvura quase excessiva da sua pele, a fragilidade intrínseca à condição humana. A morte triunfa sobre a nossa finitude. O vertiginoso jogo barroco entre claro e escuro, realidade e sonho, passado e futuro, profundamente imbricado na poética de Calderón, marca sobremaneira o cariz sacramental empregado por Lorca no seu teatro impossível, muito especialmente em *Assim que passarem cinco anos*.

A questão, também calderoniana, da metateatralidade é outra fonte da qual beberá o poeta granadino. Se, em Calderón, as múltiplas camadas do ilusionismo barroco dão a ver o caráter ficcional do seu poema dramático, em Lorca, não obstante, as várias ruturas da ilusão teatral (como o avançar dos atores até à plateia, sugerido nas didascálias da já mencionada cena do Menino com a Gata ou, ainda, com a reprodução em miniatura, no ato final, do cenário de gabinete que abre a peça) revelam não só o *modus operandi* do próprio teatro, mas também os artifícios teatrais que compõem a própria vida em sociedade. São visíveis os traços políticos e filosóficos.

Ainda numa comparação com o bardo do teatro barroco espanhol, cabe acrescentar que o sentido trágico perseguido por Lorca em *Assim que passarem* transgride os limites da paixão, na aceção cristã do termo, de que se ocupou Calderón. Lorca pensa o trágico já sob o prisma do criador modernista e secular, sujeito, portanto, a todas as contradições implicadas em tal ponto de vista. A mais explícita delas encontra-se, sem dúvida, no retorno à pergunta dos Trágicos pelos limites da ação e condição humanas. Nota-se, pois, que a leitura que faz Lorca dos grandes vultos da tragédia ática – e que tem em Ésquilo e Eurípides autores de cabeceira (cf. Fernández-Montesinos García 1985) – está visivelmente contaminada pelo pensamento trágico moderno, nomeadamente pelos escritos filosóficos de Nietzsche e Unamuno. A aparentemente contraditória interseção entre as raízes literárias da cultura ocidental e o moderno pensamento europeu, que pôs em causa essa mesma tradição, insere-se no eixo da estética teatral de García Lorca.

A noção de erro trágico, nesse sentido, estará diretamente ligada, neste Lorca irredento, à perda do *tempo oportuno* – ou *Kairos* –, que consiste num tempo que não se chega a fazer presente, já que implica uma suspensão do tempo cronológico. Tal noção, expressa tanto na poesia quanto no pensamento dos Gregos antigos, diz respeito à excecionalidade do instante vital; consiste num momento oportuno surpreendente, fugaz e irrepetível (cf. Campillo 1991: 33-70). Em Lorca, tal dimensão terá a ver, necessariamente, com a realização amorosa, sinónimo, na sua poética, da máxima experiência de vitalidade. Em *Assim que passarem*, porém, assistimos ao Jovem (também ele uma espécie de espectador de si mesmo) defrontar-se repetidas vezes com a impossibilidade nata de agarrar esse mesmo instante.

Assim acontece, ao abrir-se o pano no começo do drama, com o adiar do casamento por um prazo de cinco anos, motivo que intitula a obra. A obsessiva inércia do Jovem, que permanece sempre à espera, cega-o além disso face ao amor que lhe devota a sua Datilógrafa. Quando, depois do regresso da Noiva e constatada a impossibilidade do matrimónio, o protagonista decide corresponder à paixão da sua empregada, é já, outra vez, demasiado tarde, posto que a apaixonada, a esta altura, sublimou em amor platónico o sentimento que outrora a inflamava. O Jovem aprisiona-se, assim, no eterno instante do não vivido e que, na obra que nos ocupa, se revela no repetido badalar de um relógio que marca, sempre, as seis da tarde. Este senso agudo do cariz efémero da oportunidade vital ocupa lugar privilegiado na visão trágica de Lorca: o presente justifica-se por si só, já que qualquer esperança de transcendência ou redenção tem, na própria efemeridade da existência, um intransponível obstáculo.

A vasta dimensão filosófica que se depreende do argumento de *Assim que passarem cinco anos* ganha consistência, além disso, quando somada ao experimentalismo da linguagem, poética e teatral, alavancado por Lorca nesta *comédia irrepresentável*. O turbilhão temporal que afronta o Jovem, ao substituir a lógica de passado, presente e futuro por uma espiral de simultaneidades, acarreta tamanha subjetividade às impressões de espaço e tempo que deixa de ser possível falarmos de personagens dramáticas, no sentido aristotélico do termo, ao referir-nos às figuras. Mais próximo da noção de eu-lírico, o Jovem expressa como ninguém a conceção lorquiana de *teatro poético*. Na fragmentada estrutura da peça, tal aspeto revelar-se-á na oscilação, por vezes brusca, entre duas formas predominantes: a prosa poética e o teatro em versos. Clara está a proposta *avant garde* de García Lorca ao fazer do seu *teatro puro* um terreno contaminado onde as noções canónicas de género literário perdem as suas coordenadas de referência.

Importa salientar que, numa escrita híbrida entre a lírica e o teatro, a visualidade terá papel crucial. A questão da imagem cénica, como noutros textos do granadino, está, em *Assim que passarem*, na raiz da dinâmica teatral proposta por Lorca, ele mesmo atrevido artista plástico (cf. Hernández 1990). Não são de desprezar os inúmeros estudos sobre as artes plásticas irradiados desde Madrid ao longo dos anos 20; Ortega y Gasset – em ensaios como "Sobre el punto de vista en las artes", publicado na *Revista de Occidente* em 1924 – destaca-se entre os teóricos que constroem sólidas pontes entre as artes visuais e as literárias. Mas há que considerar, também, que o estreito diálogo entre Lorca e os seus companheiros da *Residencia de Estudiantes* de Madrid – jovens criadores que, como o próprio poeta, viriam a consolidar-se no panorama das vanguardas modernas – proporcionou ao granadino o contexto ideal para a guinada estilística que assume na sua *nova maneira espiritualista* (cf. Alonso Valero 2005).

As correspondências com Salvador Dalí, nesse sentido, deixam clara a posição de ambos no que toca à estética surrealista. Para o pintor catalão, não há outra realidade pictórica que não seja a do inconsciente e da imagem subvertida. Esse caminho onírico e transgressor proposto por Dalí (ou, pelo menos, pelo Dalí dos anos vinte), embora tenha produzido no poeta viragens poéticas radicais (como o abandono da rima e da métrica), não foi suficiente para que Lorca enveredasse por searas inteiramente surrealistas. Mantém-se, inclusivamente no Lorca da maturidade, o conflito primordial entre o apolíneo e o dionisíaco, entre a forma e a substância.

Já mencionámos que a busca lorquiana por um teatro puro esteve necessariamente ligada à sua busca por um teatro poético. Neste ponto, a estada nova-iorquina do poeta (que frequentou o curso de 1929-1930 na Columbia University) ter-lhe-á proporcionado, em larga medida, a renovação do seu fôlego teatral. Se era grande o seu descontentamento com o conservadorismo da cena madrilena dos anos vinte, grande foi também o seu interesse pelo teatro *off-Broadway* ao qual pôde assistir na metrópole norte-americana. Saltava-lhe aos olhos o efervescente ambiente contra-cultural onde coletivos teatrais à margem do circuito comercial compreendiam o teatro na sua vertente mais experimentalista. Essa atmosfera de laboratório de criação marcava, por exemplo, o trabalho de Martha Graham à frente da Neighborhood Playhouse, cujos espetáculos líricos tratavam o texto poético não só do ponto de vista do ritmo e da intencionalidade vocais, senão também como estímulo sonoro à movimentação e à plástica cénica. Não por acaso, Lorca regressará da estadia americana já com alguns rascunhos do seu *teatro impossível* guardados na mala.

Também as grandes teorias do moderno teatro europeu terão lugar no amplo leque de referências que conformará o teatro do porvir almejado por Lorca. Grande difusor dos estudos de Gordon Craig e Adolphe Appia em Espanha, Cipriano Rivas Cherif (figura-chave em dois dos coletivos que mais encenaram a obra teatral de Lorca àquela altura, o grupo El Caracol e a companhia de Margarita Xirgu) terá sido um importante interlocutor do dramaturgo andaluz no respeitante à estética cénica. A ideia wagneriana de *obra de arte total*, ao lado das reflexões de Appia e Craig sobre o corpo/movimento do ator em cena, cai como uma luva sobre as aspirações lorquianas a um teatro emancipado, cuja densidade poética excedesse a matéria literária e tornasse em metáfora o próprio campo visual do espetáculo (vd. Grande Rosales 2004, Saillard & Ramond 1998).

Prova concreta de tal investigação revela-se no hibridismo dos corpos a que assistimos em *Assim que passarem cinco anos*: não são poucas as figuras que excedem a condição humana ou que, no mínimo, a desdobram em novos contextos semânticos, próximos à ideia de desumanização da arte proposta por Ortega y Gasset (2003). Neste verdadeiro baile de máscaras, espectros e toda a sorte de travestismos que faz do protagonista uma espécie de eu polifónico, a mais desconcertante figura talvez seja a do Manequim que, no ato segundo, chora o desuso do vestido de noiva que ostenta, mas que jamais será usado:

> *MANEQUIM.* (Canta e chora.)
> *Quem usará a prata amena*
> *da noiva menina e morena?*
> *No mar perde-se a minha cauda*
> *e de flor de laranjeira a lua veste a minha grinalda.*
> *O meu anel, senhor, o meu anel de ouro velho*
> *afundou-se nas areias do espelho.*
> *Quem vestirá o meu traje? Quem o vestirá?*
> *Vestirá a ria grande para casar-me com o mar.*
>
> *JOVEM.*
> *Que cantas, diz-me?*
>
> *MANEQUIM.*
> *Eu canto*
> *morte que não tive nunca,*
> *dor de véu sem uso,*
> *com pranto de seda e pluma.*

A rebelião contra a noção do homem como figura central num universo estável marca a essência filosófica da estética expressionista e está patente na aposta tragicómica de García Lorca. Numa recente tendência de desconstrução da ideia do surrealismo como influência predominante sobre a escrita menos canónica do vanguardista andaluz (cf. García-Posada 1989: 7-9), não são poucos os teóricos que têm assinalado a dívida de Lorca com o expressionismo alemão (cf. Cardwell 2005: 47-80). Tal abordagem não deixa de ser coerente com o manifesto interesse do poeta pelas estéticas que tiveram gestação no Norte e Leste europeus, muito em especial pelas vertentes políticas do teatro russo (nomeadamente o teatro proletário) e germânico (Piscator, sobretudo). Numa obra tragicómica que pretende não só contestar, à maneira clássica, a autonomia do eu frente ao inexorável que o oprime, mas que também propõe repensar, poeticamente, os limites do teatro e da teatralidade, já não é possível separar o estético do político.

Sobre a tradução aqui apresentada, o ponto de partida localiza-se na até agora mais recente edição do texto, constante das *Obras Completas* organizadas por M. García--Posada em 1997 (e aqui referidas pela sigla *OC*). Tal versão leva em conta não só o manuscrito original da obra, de 1931 (e que serviu de base às já clássicas traduções para português, como a de Oscar Mendes, de 1975), mas considera o texto fixado em 1996 por M. Ucelay a partir de um manuscrito posterior, de 1936, repleto de apontamentos do próprio poeta. Àquela altura, García Lorca ensaiava a peça, em Madrid, com o Club Teatral Anfistora, da encenadora Pura Ucelay, processo que veio a ser interrompido com a eclosão da Guerra Civil e o assassinato do poeta. O nosso trabalho de tradução incluiu, ainda, o cotejo das edições de García-Posada e Ucelay com o manuscrito pertencente aos arquivos da Fundación Federico García Lorca, que consiste numa nova cópia datilografada em 1953 por Pura Ucelay, na qual se percebe o estilo sintético que o grupo Anfistora buscou imprimir à obra. Sempre que as discrepâncias entre o manuscrito da FFGL e a edição das *OC* se mostraram gritantes, buscámos indicar, em nota, as diferenças encontradas.

Claudio Castro Filho
Granada, outono de 2013

BIBLIOGRAFIA REFERIDA

Adani, Silvia (1999). *La presenza di Shakespeare nell'opera di García Lorca*. Bologna: Il Capitello del Sole.

Alonso Valero, Encarna (2005). *No preguntarme nada: variaciones sobre tema lorquiano*. Granada: Átrio.

Calderón de La Barca, Pedro (1981). *La vida es sueño: drama y auto sacramental*. Edición, introducción y notas de José María Valverde. Barcelona: Planeta.

Campillo, Antonio (1991). "Aión, chrónos y kairós: la concepción del tiempo en la Grecia antigua", in *La(s) otra(s) historia(s)*, UNED País Vasco, núm. 3, pp. 33-70.

Cardwell, Richard A. (2005). "*Mi sed inquieta*: expresionismo y vanguardia en el drama lorquiano", in Chicharro, Antonio & Sánchez Trigueros, Antonio. *La verdad de las máscaras: teatro y vanguardia en Federico García Lorca*, pp. 47-80. Granada: Alhulia.

Fernández-Montesinos García, Manuel (1985). *Descripción de la biblioteca de Federico García Lorca: catálogo y estudio*. Madrid: Universidad Complutense.

García Lorca, Federico (2006). *Así que pasen cinco años*. Edición de Margarita Ucelay. Madrid: Cátedra, 6.ª ed.

_____ (1997). *Obras Completas*, 4 vols. Edición de Miguel García-Posada. Barcelona: Galaxia Gutenberg.

_____ (1987). *Teatro inconcluso*. Estudio preliminar y notas de Marie Laffranque. Granada: Universidad de Granada.

_____ (1996). *Teatro inédito de juventud*. Edición de Andrés Soria Olmedo. Madrid: Cátedra.

García-Posada, Miguel (1989). "Lorca y el surrealismo: una relación conflictiva", in *El surrealismo español – Ínsula*, núm. 515, pp. 7-9.

Grande Rosales, María Ángeles (2004). "Teatro y teoría crítica contemporánea: la mirada interdisciplinar", in Vega, María José. *Poética y teatro: la teoría dramática del Renacimiento a la Postmodernidad*, pp. 269-343. Pontevedra: Mirabel.

Hernández, Mario (1990). *Libro de los dibujos de Federico García Lorca*. Madrid: Tabapress.

Lourenço, António Apolinário (2005). *Estudos de literatura comparada luso-espanhola*. Coimbra: Centro de Literatura Portuguesa.

Ortega y Gasset, José (2003). *La deshumanización del arte y otros ensayos de estética*. Madrid: Espasa Calpe.

_____ (1949). "Sobre el punto de vista en las artes", in _____. *Goethe desde dentro y otros ensayos*, pp. 81-99. Madrid: Revista de Occidente.

Ramos, Luiz Fernando (2001). "A rubrica como literatura da teatralidade: modelos textuais e poéticas da cena", in *Sala preta*, núm. 1, pp. 9-22.

Saillard, Simone & **Ramond**, Michelle (1998). *Le théâtre imposible de Garcia Lorca:* Así que pasen cinco años, El público. Paris: Messene.

Soria Olmedo, Andrés (2004). *Fábula de fuentes: tradición y vida literaria en Federico García Lorca*. Madrid: Residencia de Estudiantes.

_____ (2010). *La Generación del 27: ¿Aquel momento es ya una leyenda?* Madrid, Sevilla: Sociedad Estatal de Conmemoraciones Culturales, Junta de Andalucía, Residencia de Estudiantes.

Unamuno, Miguel de (2005). *Del sentimiento trágico de la vida en los hombres y en los pueblos* y *Tratado del amor de Dios*. Edición de Nelson Orringer. Madrid: Tecnos.

Wellington, Beth (1993). *Reflections on Lorca's private mithology:* Once five years pass *and the rural plays*. New York: Peter Lang.

ASSIM QUE PASSAREM CINCO ANOS

LENDA DO TEMPO

FIGURAS[1]

JOVEM

VELHO

UM MENINO MORTO

UM GATO MORTO

CRIADO

AMIGO PRIMEIRO

AMIGO SEGUNDO

A DATILÓGRAFA

A NOIVA

O MANEQUIM DO VESTIDO DE NOIVA

O JOGADOR DE RÂGUEBI

A CRIADA

O PAI DA NOIVA

PALHAÇO

ARLEQUIM

RAPARIGA

MÁSCARAS E JOGADORES

---

[1] A palavra em castelhano é "Personas", que em português e ao pé da letra traduziría-mos por Pessoas. No entanto, a opção de Lorca busca, provavelmente, manter a ambi-guidade do parentesco com o termo latino, onde *Personas* significaria ´Máscaras`. Tal hipótese é coerente com a natureza extra-dramática e metateatral das figuras de *Assim que passarem cinco anos* e ganha força se levamos em conta que, nas suas demais peças teatrais, o autor costuma encabeçar as suas listagens iniciais com a palavra *Personajes*. Ou seja, não se trata, aqui, de personagens, senão de figuras marcadas pela ambigui-dade entre o humano e o inumano, o real e o sonho, o sujeito e o objeto. Cabe lembrar, ainda, que *Personas* será a palavra utilizada, nas listas de personagens, pelos autores do Século de Ouro Espanhol. O recurso de Lorca ao termo não é, portanto, nenhuma casu-alidade, mas integra-se no seu projeto de retomar, em *Assim que passarem cinco anos*, traços poéticos do teatro barroco.

ATO PRIMEIRO

Biblioteca. O Jovem está sentado. Veste um pijama azul. O Velho de fraque cinzento, com barba branca e enormes lentes de ouro, também sentado.

JOVEM. Não me surpreende.

VELHO. Perdão.

JOVEM. Sempre me aconteceu o mesmo.

VELHO. *(Inquisitivo e amável.)* A sério?

JOVEM. Sim.

VELHO. É que...

JOVEM. Lembro que...

VELHO. *(Ri.)* Sempre lembro.

JOVEM. Eu...

VELHO. *(Expectante.)* Continue...

JOVEM. Eu guardava os doces para comê-los depois.

VELHO. Depois, a sério? Sabem melhor. Eu também.

JOVEM. E tenho a lembrança de que um dia...

VELHO. *(Interrompe com veemência.)* Gosto tanto da palavra lembrança. É uma palavra verde, suculenta. Emana sem cessar fiozinhos de água fria.

JOVEM. *(Alegre e tratando de convencer-se.)* Sim, sim, claro! O senhor tem razão. É preciso lutar contra toda a ideia de ruína, com esses terríveis esmaecidos das paredes. Muitas vezes eu me levantei à meia-noite para arrancar a relva do jardim. Não quero relva na minha casa nem móveis partidos.

VELHO. Isso. Nem móveis partidos porque há que lembrar, mas...

JOVEM. Mas as coisas vivas, a arder no seu sangue, com todos os seus perfis intactos.

VELHO. Muito bem! Quer dizer *(Baixando a voz.)*, há que lembrar, mas lembrar antes.

JOVEM. Antes?

VELHO. *(Com sigilo.)* Sim, há que lembrar para amanhã.

JOVEM. *(Absorto.)* Para amanhã!

(Um relógio dá as seis. A Datilógrafa atravessa a cena, a chorar em silêncio.)

VELHO. As seis.

JOVEM. Sim, as seis e com demasiado calor. *(Levanta-se.)* Há um céu de tempestade. Bonito. Cheio de nuvens cinzentas...

VELHO. De maneira que você...? Eu fui grande amigo daquela família. Sobretudo do pai. Ocupa-se de astronomia. *(Irónico.)* Está bem, não? De astronomia. E ela?

JOVEM. Conheci-a pouco. Mas não importa. Eu penso que me ama.

VELHO. Seguramente!

JOVEM. Foram a uma longa viagem. Quase me alegrei...

VELHO. O pai dela veio?

JOVEM. Nunca! Agora não é altura. Por razões que não valem a pena explicar, eu não me casarei com ela... sem antes passarem cinco anos.

VELHO. Muito bem! *(Com alegria.)*

JOVEM. *(Sério.)* Porque diz muito bem?

VELHO. Pois porque... É bonito ali? *(A apontar o quarto.)*

JOVEM. Não.

VELHO. Não o angustia a hora da partida, os acontecimentos, o que há de chegar agora mesmo?...

JOVEM. Sim, sim. Não me fale disso.

VELHO. O que acontece na rua?

JOVEM. Barulho, barulho sempre, poeira, calor, maus cheiros. Incomoda-me que as coisas da rua entrem em minha casa. *(Escuta-se um gemido longo. Pausa.)* Juan, fecha a janela.[2]

(Um Criado subtil, que anda sobre as pontas dos pés, fecha a imensa janela.)

VELHO. Ela... é jovenzinha.

JOVEM. Muito jovenzinha. Quinze anos!

VELHO. Não gosto dessa maneira de dizer. Quinze anos que ela viveu, que são ela mesma. Mas, porque não dizer tem quinze neves, quinze ares, quinze crepúsculos? Você não se atreve a fugir? A voar? A alargar o seu amor por todo o céu?

JOVEM. *(Senta-se e cobre a cara com as mãos.)* Amo-a em demasia.

VELHO. *(De pé e com energia.)* Ou então dizer: tem quinze rosas, quinze asas, quinze grãozinhos de areia. Você não se atreve a apertar, a tornar cortante e pequenino o amor dentro do seu peito?

JOVEM. O senhor quer afastar-me dela. Mas já conheço o seu procedimento. Basta observar por um instante um inseto vivo sobre a palma da mão, ou olhar o mar numa tarde a prestar atenção à forma de cada onda, para que o rosto ou a chaga que trazemos no peito se desfaça em borbulhas. Mas só que eu estou apaixonado e quero estar

---

[2] O enclausuramento e a consequente assepsia, física e moral, de evitar qualquer poluição exterior marcarão diversas personagens lorquianas, como o Juan de *Yerma* (1934) e Bernarda Alba em *A casa de Bernarda Alba* (1936), mas não só. Evidencia-se, desde já, que nas ´comédias irrepresentáveis` se encontram muitas das chaves de leitura das posteriores obras do ciclo trágico lorquiano; vd. Wellington 1993.

apaixonado, tão apaixonado quanto ela está por mim, e por isso posso aguardar cinco anos, à espera de, à noite, com todo o mundo às escuras, poder enrolar as suas tranças de luz em volta do meu pescoço.

VELHO. Permita-me recordar que a sua noiva... não tem tranças.

JOVEM. *(Irritado.)* Já sei. Cortou-as sem a minha permissão, naturalmente, e isto... *(Com angústia.)* muda-me a sua imagem. *(Enérgico.)* Já sei que não tem tranças. *(Quase furioso.)* Porque me foi lembrar? *(Com tristeza.)* Mas nestes cinco anos voltará a tê-las.

VELHO. *(Entusiasmado.)* E mais bonitas que nunca. Serão umas tranças...

JOVEM. São, são. *(Com alegria.)*

VELHO. São umas tranças de cujo perfume se pode viver sem necessidade de pão nem água.

JOVEM. *(Levanta-se.)* Penso tanto!

VELHO. Sonha tanto!

JOVEM. Como?

VELHO. Pensa tanto que...

JOVEM. Que estou em carne viva. Tudo de fora a dentro uma queimadura.

VELHO. *(Chega-lhe um copo.)* Beba.

JOVEM. Obrigado! Se me ponho a pensar na garotinha, na minha menina...

VELHO. Diga minha noiva. Atreva-se!

JOVEM. Não.

VELHO. Mas por quê?

JOVEM. Noiva... o senhor já sabe; se digo noiva, sem querer a vejo amortalhada num céu suspenso por enormes tranças de neve. Não, não é a minha noiva *(Faz um gesto como se afastasse a imagem que o quer captar.)*, é a minha menina, a minha garotinha.

VELHO. Continue, continue.

JOVEM. Pois se eu me ponho a pensar nela! Desenho-a, faço-a mover-se branca e viva, mas, de repente, quem muda o seu nariz ou quebra os seus dentes ou a converte em outra, cheia de trapos, que vai pelo meu pensamento, monstruosa, como se estivesse a olhar-se num espelho de feira?

VELHO. Quem? Parece mentira que diga "quem"! Ainda mudam mais as coisas que temos diante dos olhos do que as que vivem sem distância debaixo da testa. A água que vem pelo rio é completamente distinta da que se vai. E quem recorda um mapa exato da areia do deserto... ou do rosto de um amigo qualquer?

JOVEM. Sim, sim. Ainda estão mais vivas as coisas de dentro, mesmo que também elas mudem. O senhor veja bem, a última vez que a vi não a podia ver muito de perto porque tinha duas ruguinhas na testa, que me desconcentravam, o senhor entende?, enchiam todo o seu rosto e punham-na esmagada, velha, como se tivesse sofrido muito. Tinha necessidade de separar-me para... enforcá-la!, esta é a palavra, no meu coração.

VELHO. Donde se conclui que naquele momento em que a viu velha ela estava completamente entregue a si?

JOVEM. Sim.

VELHO. Completamente dominada por si?

JOVEM. Sim.

VELHO. *(Exaltado.)* Donde se conclui que, se naquele preciso instante ela lhe confessa que o enganou, que não o ama, as ruguinhas teriam se convertido na rosa mais delicada do mundo?

JOVEM. *(Exaltado.)* Sim.

VELHO. E que a teria amado mais, precisamente por isso?

JOVEM. Sim, sim.

VELHO. Então? Rá, rá, rá!

JOVEM. Então... É muito difícil viver.

VELHO. Por isso há que voar de uma coisa a outra até se perder. Se ela tem quinze anos, pode ter quinze crepúsculos ou quinze céus, e vamos adiante!, a alargar! As coisas estão mais vivas dentro do que aqui fora, expostas ao ar e à morte. Por isso vamos... não ir... ou esperar. Porque a outra coisa é morrer agora mesmo e é mais bonito pensar que amanhã ainda veremos os cem cornos de ouro com que se levanta o sol entre as nuvens.

JOVEM. *(Estendendo-lhe a mão.)* Obrigado! Obrigado por tudo!

VELHO. Voltarei por aqui!

(Aparece a Datilógrafa.)

JOVEM. A senhorita terminou de escrever as cartas?

DATILÓGRAFA. *(Chorosa.)* Sim, senhor.

VELHO. *(Ao Jovem.)* O que há?

DATILÓGRAFA. Desejo ir-me embora desta casa.

VELHO. Pois é bem fácil, não?

JOVEM. *(Aturdido.)* O senhor verá!

DATILÓGRAFA. Quero ir e não posso.

JOVEM. *(Doce.)* Não sou eu quem te retém. Já sabes que não posso fazer nada. Disse-te algumas vezes que esperasses, mas tu...

DATILÓGRAFA. Mas eu não espero; que é isso de esperar?

VELHO. *(Sério.)* E por que não? Esperar é acreditar e viver!

DATILÓGRAFA. Não espero porque não me dá vontade, porque não quero e, por outro lado, não me posso mover daqui.

JOVEM. Sempre acabas por não dar razão!

DATILÓGRAFA. Que razões vou dar? Não há mais que uma razão e essa é... que te amo! Desde sempre. *(Ao Velho.)* Não se assuste, senhor. Quando pequenino eu via-o brincar desde a minha sacada. Um dia caiu e o seu joelho sangrava, lembras-te? *(Ao Jovem.)* Ainda tenho aquele sangue vivo como uma serpente rubra, a tremer entre os meus peitos.

VELHO. Isso não é bom. O sangue seca e o que passou, passado está.

DATILÓGRAFA. Que culpa tenho eu, senhor! *(Ao Jovem.)* Eu imploro-te que me dês as contas. Quero ir-me desta casa.

JOVEM. *(Irritado.)* Muito bem. Tampouco tenho eu culpa alguma. Além disso, sabes perfeitamente que não me pertenço. Podes ir.

DATILÓGRAFA. *(Ao Velho.)* O senhor escutou? Expulsa-me da sua casa. Não me quer aqui. *(Chora. Vai-se.)*

VELHO. *(Com sigilo, ao Jovem.)* É perigosa esta mulher.

JOVEM. Eu queria amá-la como queria ter sede diante das fontes. Queria...

VELHO. De maneira alguma. O que você faria amanhã? Hã? Pense. Amanhã!

AMIGO. *(Entra com escândalo.)* Quanto silêncio nesta casa, e para quê? Dá-me água. Com anis e com gelo! *(O Velho vai-se.)* Um *cocktail*.

JOVEM. Suponho que não me partirás os móveis.

AMIGO. Homem só, homem sério, e com este calor!

JOVEM. Não te podes sentar?

AMIGO. *(Toma-o pelos braços e dá voltas.)*

> *Tim-tim-tão,*
> *Fogueirinha de São João.*

JOVEM. Deixa-me! Não estou para brincadeiras.

AMIGO. Uuui! Quem era esse velho? Um amigo teu? E onde estão nesta casa os retratos das raparigas com quem te deitas? Olha, vou puxar-te pelas orelhas, vou pintar de *rouge* essas bochechas de cera... ou assim, lustradas.

JOVEM. *(Irritado.)* Deixa-me!

AMIGO. E, com um bastão, vou jogar-te à rua.

JOVEM. E que vou fazer lá? Dar-te o gostinho, não é? Demasiado trabalho já tenho em ouvi-la cheia de carros e gente desorientada.

AMIGO. *(Senta-se e espreguiça-se no sofá.)* Ai! Humm! Eu, em troca... Ontem tive três conquistas e como anteontem tive duas e hoje uma, pois acontece... que estou sem nenhuma porque não tenho tempo. Estive com uma rapariga... Ernestina. Queres conhecê-la?

JOVEM. Não.

AMIGO. *(Levanta-se.)* Nãããoo e rubrica. Mas se visses! Tem uma cintura!!... Não... cintura a Matilde tem-na muito melhor. *(Com ímpeto.)* Ai, meu Deus! *(Dá um salto e cai deitado no sofá.)* Olha, é uma cintura feita à medida de todos os braços e tão frágil, que se deseja ter à mão um machado de prata muito pequeno para seccioná-la.

JOVEM. *(Distraído e à parte da conversa.)* Então eu subirei a escada.

AMIGO. *(A alongar-se de bruços no sofá.)* Não tenho tempo, não tenho tempo para nada! Tudo me atropela. Porque, olha só! Encontro-me com Ernestina. *(Levanta-se.)* As tranças aqui, apertadas, negríssimas, e depois...

(O Jovem bate com impaciência os dedos sobre a mesa.)

JOVEM. Não me deixas pensar!

AMIGO. Mas se não há que pensar! E já vou. Por mais... que... *(Olha o relógio.)* Já passou da hora. É horrível, sempre acontece igual. Não tenho tempo e lamento. Ia com uma mulher feiíssima, ouves? Rá, rá, rá, rá, feiíssima mas adorável. Uma morena dessas de quem se tem saudades ao meio-dia de um verão. E gosto dela *(Joga uma almofada para o alto.)* porque parece um domador.

JOVEM. Basta!

AMIGO. Sim, homem, não te indignes, mas uma mulher pode ser feiíssima e um domador de cavalos pode ser bonito e ao contrário e... que sabemos? *(Enche uma taça de cocktail.)*

JOVEM. Nada...

AMIGO. Mas queres dizer-me o que se passa contigo?

JOVEM. Nada. Não me conheces? É o meu temperamento.

AMIGO. Eu não entendo. Não entendo, mas tampouco posso estar sério. *(Ri.)* Vou cumprimentar-te como os chineses. *(Esfrega o seu nariz no do Jovem.)*

JOVEM. *(Sorri.)* Tira!

AMIGO. Ri. *(Faz-lhe cócegas.)*

JOVEM. *(A rir-se.)* Bárbaro.

(Lutam.)

AMIGO. Uma prancha!

JOVEM. Posso contigo.

AMIGO. Peguei-te! *(Prende-o com a cabeça entre as pernas e dá-lhe socos.)*

VELHO. *(Entra gravemente.)* Com licença... *(Os Jovens ficam de pé.)* Perdoem... *(Energicamente, e a olhar o Jovem.)* Esquecerei o chapéu.

AMIGO. *(Assombrado.)* Como?

VELHO. *(Furioso.)* Sim, senhor! Esquecerei o chapéu... *(Entredentes.)*, quer dizer, esqueci o chapéu.

AMIGO. Ahhhhhh!...

(Ouve-se um tilintar de vidros.)

JOVEM. *(Em voz alta.)* Juan. Fecha as janelas.

AMIGO. Um pouco de tempestade. Oxalá seja forte!

JOVEM. Pois nem quero saber! *(Em voz alta.)* Tudo bem fechado.

AMIGO. Os trovões terás de ouvi-los!

JOVEM. Ou não.

AMIGO. Ou sim.

JOVEM. Não me importa o que aconteça fora. Esta casa é minha e aqui não entra ninguém.

VELHO. *(Indignado, ao Amigo.)* É uma verdade sem refutação possível!

(Ouve-se um trovão distante.)

AMIGO. *(Apaixonado.)* Entrará toda a gente que queira, não aqui, mas debaixo da tua cama.

(Trovão mais próximo.)

JOVEM. *(Gritando.)* Mas agora, agora!, não.

VELHO. Bravo!

AMIGO. Abre a janela! Tenho calor.

VELHO. Já se abrirá.

JOVEM. Depois!

AMIGO. Mas vamos ver... Vocês querem dizer-me...

(Ouve-se outro trovão. A luz desce e uma luminosidade azulada de tempestade invade a cena. As três personagens vão esconder-se atrás de um biombo negro bordado com estrelas. Pela porta da esquerda aparece o Menino morto com o Gato. O Menino está vestido de branco primeira comunhão, com uma coroa de rosas brancas na cabeça. No seu rosto, pintado de cera, sobressaem os seus olhos e os seus lábios de lírio seco. Traz um círio canelado na mão e um grande laço de franjas[3] *de ouro.*

---

[3] Nas *OC* vol. II: 340, a palavra é "flecos", ou seja, franjas. No manuscrito da FFGL, Ato I, p. 9 (folha 3069), lemos "flores".

O Gato, de azul, com duas enormes manchas vermelhas de sangue no peito cinza e na cabeça.

Avançam em direção ao público. O Menino traz o Gato puxado por uma pata.)

GATO. Miau.
MENINO. Chiuuuuuu...
GATO. Miauuu.
MENINO.

> Toma o meu lenço branco.
> Toma a minha coroa branca.
> Não chores mais.

GATO.

> Doem-me as feridas
> que as crianças me fizeram nas costas.

MENINO.

> Também a mim me dói o coração.

GATO.

> Porque te dói, menino, diz?

MENINO.

> Porque não anda.
> Ontem parou muito devagarinho,
> rouxinol da minha cama.
> Muito barulho, se visses!... Puseram-me
> com essas rosas em frente à janela.

GATO.

> E que sentias tu?

MENINO.

> Pois eu sentia
> chafarizes e abelhas pela sala.
> Ataram-me as duas mãos, muito mal feito!
> As crianças olhavam-me pelos vidros
> e um homem com martelo punha-se a pregar
> estrelas de papel sobre o meu caixão.

(Cruzando as mãos.)

> Não vieram os anjos. Não, Gato.

GATO.

> Não me digas mais gato.

MENINO.

> Não?

GATO.

> Sou gata.

MENINO.

> És gata?

GATA. *(Mimosa.)*[4]

> Devias reconhecer.

MENINO.

> Por quê?

GATA.

> Pela minha voz de prata.

MENINO. *(Galante.)*

> Não te queres sentar?

GATA.

> Sim, tenho fome.

MENINO.

> Vou ver se encontro alguma ratazana.

(Põe-se a olhar debaixo das cadeiras. A Gata, sentada[5] num tamborete, treme.)

> Não a comas inteira. Uma patinha
> porque estás muito doente.

GATA.

> Dez pedradas
> atiraram-me as crianças.

---

[4] Antecipamos aqui a alteração de GATO para GATA que, no manuscrito, só ocorrerá seis falas depois. Proposta ou não, a mudança de género no texto didascálico reitera o valor literário que Lorca buscava imprimir também nos elementos extra-textuais. Estudos como o de L. F. Ramos 2001: 9-22 comprovam que, pelo menos desde o modernismo, as didascálias ampliaram a sua função auxiliar de meras sugestões do autor ao encenador e converteram-se num elemento poético fundamental do texto, ou numa espécie de "literatura da teatralidade".

[5] "El Gato, sentado...", cf. *OC* vol. II: 341.

MENINO.

> Pesam como as rosas
> que oprimiram à noite a minha garganta.
> Queres uma?

(Arranca uma rosa da cabeça.)

GATA. *(Alegre.)*

> Sim, quero.

MENINO.

> Com as tuas manchas de cera, rosa branca,
> olho de lua partida, pareces-me
> gazela entre os vidros desmaiada.

(Põe-lha.)

GATA.

> Que fazias tu?

MENINO.

> Brincar. E tu?

GATA.

> Brincar!
> Ia pelo telhado, gata chata,
> narizinho tampa de lata.
> Pela manhã
> ia procurar os peixes pela água
> e ao meio-dia
> sob a roseira do muro dormia.

MENINO.

> E à noite?

GATA. *(Enfática.)*

> Eu ia só.

MENINO.

> Sem ninguém?

GATA.

> Pelo bosque.

MENINO. *(Com alegria.)*

Eu também ia, ai, gata chata, barata,
narizinho tampa de lata!,
para comer amoras e maçãs.
E depois à igreja com os meninos
para brincar de cabra.

GATA.

Que é cabra?

MENINO.

Era mamar os pregos da porta.

GATA.

E eram bons?

MENINO.

Não, gata.
Como chupar moedas.

(Trovão distante.)

Ai! Espera! Não vêm? Tenho medo.
Sabes? Fugi de casa.

(Choroso.)

Não quero que me enterrem.
Rendados e vidros enfeitam o meu caixão;
mas é melhor que eu durma
entre os juncos da água.
Eu não quero que me enterrem. Vamos já!

(Puxa-lhe pela pata.)
GATA.

E vão-nos enterrar? Quando?

MENINO.

Amanhã,
nuns buracos escuros.
Todos choram, todos silenciam.
Mas vão. Eu vi.
E depois, sabes?

GATA.

Que acontece?

MENINO.

Vêm comer-nos.

GATA.

Quem?

MENINO.

O lagarto e a lagarta,

com os seus filhinhos pequenos, que são muitos.

GATA.

E o que nos comem?

MENINO.

A cara,

com os dedos

(Baixa a voz.)

e o pirilau.

GATA. *(Ofendida.)*

Eu não tenho pirilau.

MENINO. *(Enérgico.)*

Gata!

Vão comer-te as patinhas e o bigode.

(Trovão muito distante.)

Vamo-nos; de casa em casa

chegaremos aonde pastam

os cavalinhos de água.

Não é o céu. É terra dura

com muitos grilos que cantam,

com relvas que se mexem,

com nuvens que se levantam,

com estilingues que lançam pedras

e o vento como uma espada.

Eu quero ser um menino, um menino!

(Dirige-se à porta da direita.)

GATA.

A porta está fechada.

Vamos pela escada.

MENINO.

Pela escada vão-nos ver.

GATA.

Espera.

MENINO.

Já vêm para enterrar-nos.

GATA.

Vamos pela janela.

MENINO.

Nunca veremos a luz,

nem as nuvens que se levantam,

nem os grilos na relva,

nem o vento como uma espada.

(Cruza as mãos.)

Ai, girassol!

Ai, girassol de fogo!

Ai, girassol!

GATA.

Ai, cravina do sol!

MENINO.

Apagado vai pelo céu.

Só mares e montes de carvão,

e uma pomba morta pela areia

com as asas partidas e no bico uma flor.

(Canta.)

E na flor uma oliva,

e na oliva um limão...

Como continua?... Eu não sei, como continua?

GATA.

Ai, girassol!

MENINO.

> Ai, girassol da manhãzinha!
>
> Ai, cravina do sol!

(A luz é ténue. O Menino e a Gata[6], separados, andam a tatear.)

GATA.

> Não há luz. Onde estás?

MENINO.

> Cala-te!

GATA.

> Já virão os lagartos, menino?

MENINO.

> Não.

GATA.

> Encontraste a saída?

(A Gata aproxima-se da porta da direita e sai uma mão que a empurra para dentro.)

(Dentro.)

> Menino! Menino!

(Com angústia.)

> Menino, menino!

(O Menino avança com terror e contém-se a cada passo.)

MENINO. *(Em voz baixa.)*

> Desapareceu.
>
> Agarrou-a uma mão.
>
> Deve ser a de Deus.
>
> Não me enterres! Espera alguns minutos...
>
> Enquanto despetalo esta flor!

(Arranca uma flor da cabeça e despetala-a.)

---

[6] "el Gato", cf. *OC* vol. II: 346.

Eu irei só, muito devagar,

depois vais deixar-me olhar o sol...

Muito pouco, com um raio contento-me.

(A despetalar.)

Sim, não, sim, não, sim.

VOZ.

Não. Não!

MENINO.

Sempre disse que não!

(Uma mão surge e recolhe o Menino, que desmaia. A luz, quando desaparece o Menino, volta ao seu tom inicial. Detrás do biombo voltam a sair rapidamente as três personagens. Dão mostras de calor e de viva agitação. O Jovem traz um leque azul; o Velho, um leque negro, e o amigo, um leque vermelho agressivo. Abanam-se.)

VELHO. Pois ainda será mais.

JOVEM. Sim, depois.

AMIGO. Já foi o bastante. Creio que não podes escapar da tempestade.

VOZ. *(Fora.)* Meu filho! Meu filho!

JOVEM. Senhor, que tarde! Juan, quem grita assim?

CRIADO. *(A entrar, sempre em tom suave e a andar sobre as pontas dos pés.)* O filho da zeladora morreu e agora o levam a enterrar. A mãe dele chora.

AMIGO. Como é natural!

VELHO. Sim, sim; mas o que passou, passado está.

AMIGO. Mas se está a passar agora! *(Discutem.)*

(O Criado cruza a cena e vai sair pela porta esquerda.)

CRIADO. Senhor, teria a bondade de deixar-me a chave do seu quarto?

JOVEM. Para quê?

CRIADO. As crianças atiraram um gato que haviam matado sobre o toldo[7] do jardim, e há necessidade de recolhê-lo.

JOVEM. *(Com fastio.)* Toma. *(Ao Velho.)* O senhor não poderá com ele!

VELHO. Nem me interessa.

AMIGO. Não é verdade. Sim, interessa-lhe. A quem não interessa é a mim, que sei positivamente que a neve é fria e que o fogo queima.

VELHO. *(Irónico.)* De acordo.

AMIGO. *(Ao Jovem.)* Está a enganar-te.

(O Velho olha energicamente para o Amigo, enquanto esmaga o seu chapéu.)

JOVEM. *(Com força.)* Não influi o mínimo que seja sobre o meu caráter. Mas tu não podes compreender que se espere uma mulher por cinco anos, abarrotado e queimado pelo amor que cresce a cada dia.

AMIGO. Não há necessidade de esperar!

JOVEM. Tu acreditas que eu possa vencer as coisas materiais, os obstáculos que surgem e aumentarão no caminho, sem causar dor aos demais?

AMIGO. Estás à frente dos demais!

JOVEM. Enquanto se espera, o nó desfaz-se e a fruta amadurece.

AMIGO. Eu prefiro comê-la verde ou, ainda melhor, gosto de cortar-lhe a flor para pô-la na minha lapela.

VELHO. Não é verdade!

AMIGO. O senhor é demasiado velho para sabê-lo!

VELHO. *(Severamente.)* Eu lutei toda a vida por acender uma luz nos lugares mais escuros. E quando as pessoas iam torcer o pescoço de uma pomba, eu estendia a mão e ajudava-a a voar.

AMIGO. E, naturalmente, o caçador morreu de fome!

JOVEM. Bendita seja a fome!

(Aparece, pela porta da esquerda, o Amigo 2.º Está vestido de branco, com um impecável fato de lã, e usa luvas e sapatos da mesma cor. Caso não seja possível este papel ser feito por

---

[7] A palavra em castelhano é "tejadillo", que designa o toldo que cobre uma carroça ou carruagem, mas que também dá nome a uma manobra, numa partida de cartas, na qual um jogador saca dissimuladamente o naipe de que necessita para ganhar o jogo. Ao longo da peça, Lorca empregará diversos termos que equiparam a ação dramática, metáfora da própria vida, a um jogo de baralho.

um ator bem jovem, que o faça uma rapariga. O fato há de ser de um corte exageradíssimo,
terá enormes botões azuis e o colete e a gravata serão de rendas caneladas.)

AMIGO 2.º Bendita seja quando há pão torrado, azeite e sono depois. Muito sono. Que
não se acabe nunca. Ouvi-te.
JOVEM. *(Com assombro.)* Por onde entraste?
AMIGO 2.º Por qualquer lugar. Pela janela. Ajudaram-me duas crianças amigas minhas.
Conheci-as quando era muito pequeno, e empurraram-me pelos pés. Vai cair um
aguaceiro... mas aguaceiro bonito foi o que caiu ano passado. Havia tão pouca luz, que
as minhas mãos ficaram amarelas. *(Ao Velho.)* O senhor recorda-se?
VELHO. *(Azedo.)* Não recordo nada.
AMIGO 2.º *(Ao Amigo.)* E tu?
AMIGO 1.º *(Sério.)* Tampouco.
AMIGO 2.º Eu era muito pequeno, mas recordo-me com todos os detalhes.
AMIGO 1.º Olha...
AMIGO 2.º Por isso não quero ver este. A chuva é bonita. No colégio, entrava pelos pátios
e despedaçava pelas paredes umas mulheres nuas, muito pequenas, que guarda dentro.
Não as viram? Quando eu tinha cinco anos... não, quando eu tinha dois... minto!, um,
um ano somente, é bonito, não é?, um ano, peguei uma dessas mulherinhas da chuva e
mantive-a dois dias num aquário.
AMIGO 1.º *(Dissimulado.)* E cresceu?
AMIGO 2.º Não! Fez-se cada vez mais pequena, mais menina, como deve ser, como é
justo, até que não sobrou dela mais que uma gota de água. E cantava uma canção...

> *Eu volto pelas minhas asas,*
> *deixai-me voltar!*
> *Quero morrer sendo amanhecer,*
> *sendo ontem quero*
> *morrer.*

> *Eu volto pelas minhas asas,*
> *deixai-me retornar!*
> *Quero morrer sendo manancial,*
> *quero morrer fora do mar...*[8]

---

[8] A canção, que se repetirá com variações ao fim do primeiro ato, é, na verdade, o poema
"O regresso", composto por Lorca em 1921 para o livro *Suites*; vd. *OC* vol. I: 220-221.

que é exatamente o que eu canto a toda hora.

VELHO. *(Irritado, ao Jovem.)* Está completamente louco.

AMIGO 2.º *(Que o ouviu.)* Louco, porque não quero estar cheio de rugas e dores como o senhor. Porque quero viver o que é meu e não me deixam. Eu não conheço o senhor. Eu não quero ver gente como o senhor.

AMIGO 1.º *(A beber.)* Tudo isso não é mais que medo da morte.

AMIGO 2.º Não. Agora, antes de entrar aqui, vi um menino que levavam para enterrar com as primeiras gotas da chuva. Assim quero que me enterrem. Num caixão assim de pequeno, e vocês vão lutar na borrasca. Mas o meu rosto é meu e estão a roubar-mo. Eu era terno e cantava, e agora há um homem, um idoso *(Ao Velho.)*, como o senhor, que anda dentro de mim com duas ou três máscaras preparadas. *(Saca um espelho e olha-se.)* Mas ainda não, ainda me vejo montado nas cerejeiras... com aquele traje cinza... Um traje cinza que tinha umas âncoras de prata... Meu Deus! *(Cobre a cara com as mãos.)*

VELHO. Os trajes rasgam-se, as âncoras enferrujam e vamos adiante.

AMIGO 2.º Oh, por favor, não fale assim!

VELHO. *(Entusiasmado.)* As casas desmoronam.

AMIGO 1.º *(Enérgico e em atitude de defesa.)* As casas não desmoronam.

VELHO. *(Inabalável.)* Apagam-se os olhos e uma foice muito afiada corta os juncos das margens.

AMIGO 2.º *(Sereno.)* Claro! Tudo isso acontece mais adiante!

VELHO. Pelo contrário. Isso já aconteceu.

AMIGO 2.º Atrás tudo permanece quieto. Como é possível que o senhor não o saiba? Não há mais que despertar suavemente as coisas. Em compensação, dentro de quatro ou cinco anos há um poço no qual cairemos todos.

VELHO. *(Furioso.)* Silêncio!

JOVEM. *(A tremer, ao Velho.)* O senhor escutou?

VELHO. Demasiado. *(Sai rapidamente pela porta da direita.)*

JOVEM. *(Por trás.)* Aonde o senhor vai? Porque vai embora assim? Espere! *(Sai atrás.)*

AMIGO 2.º *(A encolher os ombros.)* Bom. Velho tinha que ser. Você, em compensação, não protestou.

AMIGO 1.º *(Que esteve a beber sem parar.)* Não.

AMIGO 2.º Você, de beber já teve o bastante.

AMIGO 1.º *(Sério e com cara bêbada.)* Eu faço o que gosto, o que me parece bem. Não lhe pedi o seu parecer.

AMIGO 2.º *(Com medo.)* Sim, sim... E eu não lhe digo nada. *(Senta-se numa poltrona, com as pernas encolhidas.)*

(O Amigo 1.º bebe rapidamente duas taças, cheias até ao último gole, e dando um soco na testa, como se lembrasse de algo, sai rapidamente, ao meio de um alegríssimo sorriso, pela porta esquerda. O Amigo 2.º inclina a cabeça na poltrona. Aparece o Criado pela direita, sempre delicado, sobre as pontas dos pés. Começa a chover.)

AMIGO 2.º O aguaceiro. *(Olha as suas mãos.)* Mas que luz mais feia! *(Adormece.)*
JOVEM. *(Entrando.)* Amanhã voltará. Necessito-o. *(Senta-se.)*

(Aparece a Datilógrafa. Carrega uma mala. Atravessa a cena e, ao meio dela, volta rapidamente.)

DATILÓGRAFA. Tinhas me chamado?
JOVEM. *(A fechar os olhos.)* Não. Não te tinha chamado.

(A Datilógrafa sai a olhar com ânsia e à espera de ser chamada.)

DATILÓGRAFA. *(À porta.)* Precisas de mim?
JOVEM. *(A fechar os olhos.)* Não. Não preciso de ti.

(Sai a Datilógrafa.)

AMIGO 2.º *(Ensonado.)*
>Eu voo pelas minhas asas,
>deixai-me voltar.
>Sendo ontem quero
>morrer.
>Quero morrer sendo
>amanhecer.

(Começa a chover.)

JOVEM. É demasiado tarde, Juan, acende as luzes. Que horas são?
JUAN. *(Com intenção.)* Seis em ponto, senhor.
JOVEM. Está bem.
AMIGO 2.º *(Ensonado.)*
>Eu voo pelas minhas asas,
>deixai-me voltar.

Quero morrer sendo
manancial.
Quero morrer fora
do mar.

(O Jovem bate suavemente com os dedos sobre a mesa.)

Pano lento

ATO SEGUNDO

Alcova estilo 1900. Móveis estranhos. Grandes cortinas cheias de pregas e borlas. Pelas paredes, nuvens e anjos pintados. No centro, uma cama cheia de colgaduras e plumagens. À esquerda, um toucador sustentado por anjos com ramos de luzes elétricas nas mãos. As sacadas estão abertas, e por elas entra a lua. Ouve-se uma buzina de automóvel que apita com fúria. A Noiva salta da cama com esplêndida túnica cheia de rendas e enormes laços cor de rosa. Tem uma cauda comprida e todo o cabelo penteado em caracóis.

NOIVA. *(A aproximar-se da sacada.)* Sobe. *(Ouve-se a buzina.)* É preciso. Chegará o meu noivo, o velho, o lírico, e necessito apoiar-me em ti.

(O Jogador de Râguebi entra pela sacada.[9] Vem vestido com as joelheiras e o capacete. Carrega um saco cheio de charutos, que acende e aperta sem cessar.)

NOIVA. Entra. Faz dois dias que não te vejo. *(Abraçam-se.)*

(O Jogador de Râguebi não fala, só fuma e amassa com o pé o cigarro. Dá mostras de uma grande vitalidade e abraça a Noiva com ímpeto.)

NOIVA. Beijaste-me hoje de maneira diferente. Sempre mudas, meu amor! Ontem não te vi, sabes? Mas estive vendo o cavalo.[10] Era bonito, branco e os cascos dourados entre o feno dos presépios. *(Senta-se num sofá que há ao pé da cama.)* Mas tu és mais bonito. Porque és como um dragão. *(O Jogador de Râguebi abraça-a.)* Creio que me vais quebrar entre os teus braços, porque sou fraca, porque sou pequena, porque sou como a geada, porque sou como uma diminuta guitarra queimada pelo sol, e não me quebras.

(O Jogador de Râguebi sopra-lhe a fumaça à cara.)

NOIVA. *(Que lhe passa a mão pelo corpo.)* Por trás de toda esta sombra há como um amálgama de pontes de prata para estreitar-me a mim e defender-me a mim, que sou

---

[9] O ambiente noturno da sacada por onde entram o luar e o amante recorda a alcova de Julieta, no clássico de Shakespeare. Sob este aspecto, a Noiva de *Assim que passarem* avizinha-se da adúltera Beliza, em *Amor de Dom Perlimplím com Beliza no seu jardim* (1929), que, também pela sacada, recebe os seus amantes, cf. *OC* vol. II: 251.

[10] A equivalência entre o ser amado e o cavalo é recorrente no teatro, como também na poesia, de Lorca. Em *Bodas de sangue* (1933) e *A casa de Bernarda Alba* (1936) a simbologia erótica do cavalo estará associada, também, com a previsão da morte.

pequenina como um botão, pequenina como uma abelha que entra de repente no salão do trono, não é?, não é verdade? Irei contigo. *(Apoia a cabeça sobre o peito do Jogador.)* Dragão, meu dragão! Quantos corações tens? Há no teu peito como que uma torrente aonde vou para afogar-me. Vou-me afogar... *(Olha-o.)* E depois tu sairás a correr *(Chora.)* e deixar-me-ás morta às margens. *(O Jogador de Râguebi leva outro charuto à boca e a Noiva acende-o.)* Oh! *(Beija-o.)* Que brasa branca, que fogo de marfim derramam os teus dentes! O meu outro noivo tinha os dentes gelados; beijava-me, e os seus lábios cobriam-se de pequenas folhas murchas. Eram uns lábios secos. Eu cortei as minhas tranças porque lhe agradavam muito, como agora ando descalça porque te agrada.[11] Não é?, não é verdade? *(O Jogador de Râguebi beija-a.)* É preciso irmos. O meu noivo virá.

VOZ. *(À porta.)* Senhorita!

NOIVA. Vai-te! *(Beija-o.)*

VOZ. Senhorita!

NOIVA. *(Separa-se do Jogador e adota uma atitude distraída.)* Já vou! *(Em voz baixa.)* Adeus!

(O Jogador volta desde a sacada e dá-lhe um beijo, enquanto a levanta nos braços.)

VOZ. Abra!

NOIVA. *(A fingir a voz.)* Que pouca paciência!

(O Jogador de Râguebi sai pela sacada.)

---

[11] A franca oposição entre a paixão arrebatadora pelo amante autêntico e a total ausência de desejo pelo noivo imposto faz da Noiva de *Assim que passarem cinco anos* uma espécie de gérmen da Noiva de *Bodas de sangue* (1933) e de Yerma, na peça homónima (1934). Não seria exagero dizer que as três figuras correspondem a um mesmo arquétipo feminino, marcado pelo êxtase amoroso e pela sina das bodas fracassadas. As imagens contrastantes, de forte teor corporal e fisiológico, repetem-se nas três mulheres. No Quadro último de *Bodas*, diz a Noiva à Mãe do Noivo: "Eu era uma mulher queimada, cheia de chagas por dentro e por fora, e o teu filho era um pouquinho de água do qual eu esperava filhos, terra, saúde; mas o outro era um rio escuro, cheio de ramos que me aproximavam o rumor dos seus juncos e o seu cantar entredentes"; cf. *OC* vol. II: 472. Já Yerma, também no Quadro último, diz a Juan, o marido: "Eu sou como um campo seco onde cabem a arar mil pares de bois, e o que tu me dás é um pequeno vaso de água de poço"; cf. *OC* vol. II: 523-524.

CRIADA. *(A entrar.)* Ai, senhorita!

NOIVA. Que senhorita?

CRIADA. Senhorita!

NOIVA. Quê? *(Acende a luz do teto. Uma luz mais azulada que a que entra pelas sacadas.)*

CRIADA. O seu noivo chegou.

NOIVA. Bom. Porque estás assim?

CRIADA. *(Chorosa.)* Por nada.

NOIVA. Onde está?

CRIADA. Em baixo.

NOIVA. Com quem?

CRIADA. Com o seu pai.

NOIVA. Ninguém mais?

CRIADA. E um senhor com lentes de ouro. Discutiam muito.

NOIVA. Vou-me vestir. *(Senta-se diante do toucador e arruma-se, ajudada pela Criada.)*

CRIADA. *(Chorosa.)* Ai, senhorita!

NOIVA. *(Irritada.)* Que senhorita?

CRIADA. Senhorita!

NOIVA. *(Azeda.)* Quê!

CRIADA. É muito lindo o seu noivo!

NOIVA. Casa-te com ele.

CRIADA. Está muito contente.

NOIVA. *(Irónica.)* Sim?

CRIADA. Trazia este ramo de flores.

NOIVA. Já sabes que não gosto de flores. Joga essas pela sacada.

CRIADA. São tão bonitas!... Estão recém-cortadas.

NOIVA. *(Autoritária.)* Joga-as!

(A Criada atira umas flores, que estavam sobre um jarro, pela sacada.)

CRIADA. Ai, senhorita!

NOIVA. *(Furiosa.)* Que senhorita!

CRIADA. Senhorita!

NOIVA. Quêeee!

CRIADA. Pense bem no que faz! Reconsidere. O mundo é grande, mas nós as pessoas somos pequenas.

NOIVA. Que sabes tu?

CRIADA. Sei, sei sim. O meu pai esteve no Brasil duas vezes e era tão pequeno que cabia numa mala. Esquecem-se as coisas e o mal fica.

NOIVA. Disse-te que te cales!

CRIADA. Ai, senhorita!

NOIVA. *(Enérgica.)* A minha roupa!

CRIADA. O que vai fazer?

NOIVA. O que possa!

CRIADA. Um homem tão bom. Tanto tempo à espera! Com tantos sonhos. Cinco anos! *(Dá-lhe os vestidos.)*

NOIVA. Estendeu-te a mão?

CRIADA. *(Com alegria.)* Sim; estendeu-me a mão.

NOIVA. E como te estendeu a mão?

CRIADA. Muito delicadamente, quase sem apertar.

NOIVA. Vês? Não te apertou.

CRIADA. Tive um noivo soldado que me cravava os anéis e me fazia sangrar. Por isso o despachei!

NOIVA. *(Sarcástica.)* Ah é?

CRIADA. Ai, senhorita!

NOIVA. *(Irritada.)* Que vestido ponho?

CRIADA. Com o vermelho estás preciosa!

NOIVA. Não quero estar bela.

CRIADA. O verde.

NOIVA. *(Suave.)* Não.

CRIADA. O laranja?

NOIVA. *(Forte.)* Não.

CRIADA. O de tule?

NOIVA. *(Mais forte.)* Não.

CRIADA. O vestido folhas de outono?

NOIVA. *(Irritada e forte.)* Já disse que não! Quero um hábito cor de terra para esse homem; um hábito de rocha descarnada com um cordão de esparto à cintura. *(Ouve-se a buzina. A noiva desvia os olhos e, a mudar a expressão, segue com a conversa.)* Mas com uma coroa de jasmins no pescoço e toda a minha carne apertada por um véu molhado pelo mar. *(Dirige-se à sacada.)*

CRIADA. Que não se inteire o seu noivo!

NOIVA. Há de inteirar-se. *(Escolhe um vestido de hábito, simples.)* Este. *(Veste-o.)*

CRIADA. Está enganada!

NOIVA. Porquê?

CRIADA. O seu noivo busca outra coisa. Na minha aldeia havia um garoto que subia à torre da igreja para olhar mais de perto a lua, e a noiva despachou-o.

NOIVA. Fez bem.

CRIADA. Dizia que via na lua o retrato da sua noiva.

NOIVA. *(Enérgica.)* E parece-te bem? *(Termina de arrumar-se no toucador e acende as luzes dos anjos.)*

CRIADA. Sim. Quando eu me desgostei com o botões...

NOIVA. Já te desgostaste com o botões? Tão lindo... tão lindo... tão lindo...!

CRIADA. Naturalmente. Dei-lhe de prenda um lenço bordado por mim que dizia: "Amor, Amor, Amor", e ele perdeu-o.

NOIVA. Vai-te.

CRIADA. Fecho as sacadas?

NOIVA. Não.

CRIADA. O ar vai queimar-lhe a cútis.

NOIVA. Gosto disso. Quero ficar negra[12]. Mais negra que um garoto. E se caio, não sangrar, e se agarro uma amora silvestre, não me ferir. Estão todos a andar em cima do arame com os olhos fechados. Ontem à noite sonhava que todas as crianças pequenas crescem por acaso... Que basta a força que tem um beijo para poder matá-las a todas. Um punhal, uma tesoura duram para sempre, e este meu peito dura só um momento.

CRIADA. *(A escutar.)* Aí chega o seu pai.

NOIVA. *(Com sigilo.)* Metes todos os meus vestidos coloridos numa mala.

CRIADA. *(A tremer.)* Sim.

NOIVA. E tem preparada a chave da garagem.

CRIADA. *(Com medo.)* Está bem!

(Entra o Pai da Noiva. É um velho distraído. Carrega uns binóculos pendurados no pescoço. Peruca branca. Cara rosa. Usa luvas brancas e fato negro. Tem detalhes de uma delicada miopia.)

PAI. Já estás preparada?

NOIVA. *(Irritada.)* Mas para que tenho eu de estar preparada?

---

[12] A imagem da pele queimada e enegrecida recorda a *Comédia da Carvoeirinha* (1921), onde a protagonista diz: "Eu nunca tive noivo porque não posso tirar o carvão da cara" (García Lorca 1996: 375). Outras três referências ao universo das minas de carvão aparecem em *Assim que passarem cinco anos*; reitera-se a retomada, por Lorca, de motivos já trabalhados no seu teatro de juventude.

PAI. Que chegou!

NOIVA. E daí?

PAI. Pois como estás comprometida e se trata da tua vida, da tua felicidade, é natural que estejas contente e decidida.

NOIVA. Pois não estou.

PAI. Como?

NOIVA. Não estou contente. E tu?

PAI. Mas filha... O que esse homem vai dizer?

NOIVA. Que diga o que queira!

PAI. Vem casar-se contigo. Tu escreveste-lhe durante os cinco anos que durou a nossa viagem. Tu não dançaste com ninguém nos transatlânticos... Não te interessaste por ninguém. Que mudança é esta?

NOIVA. Não quero vê-lo. É preciso que eu viva. Fala demais.

PAI. Ai, por que não o disseste antes?

NOIVA. Antes eu não existia, nem sequer. Existia a terra e o mar. Mas eu dormia docemente nos almofadões do comboio.

PAI. Esse homem vai insultar-me, com toda a razão. Ai, meu Deus! Já estava tudo preparado. Tinha-te oferecido o lindo vestido de noiva. Está aí dentro, no manequim.

NOIVA. Não me fales disto. Não quero.

PAI. E eu? E eu? Será que não tenho o direito de descansar? Esta noite há um eclipse da lua[13]. Já não poderei olhá-lo desde o terraço. Quando sofro uma irritação o sangue sobe-me aos olhos e não vejo. Que fazemos com este homem?

NOIVA. O que tu queiras. Eu não quero vê-lo.

PAI. *(Enérgico e a buscar força de vontade.)* Tens de cumprir o teu compromisso!

NOIVA. Não o cumpro!

PAI. É preciso!

NOIVA. Não.

PAI. Sim! *(Dá a intenção de que lhe vai bater.)*

NOIVA. *(Forte.)* Não.

---

[13] É evidente a relação simbólica entre o eclipse lunar e o ocaso da promessa amorosa. A lua, o luar e o eclipse desempenham um papel metafórico, ao longo de toda a obra literária de Lorca, de forte inspiração mitológica. No caso de *Assim que passarem cinco anos*, o eclipse parece relacionar-se também com a ameaça de infecundidade e da perda de descendência, aspetos trágicos plasmados na recorrente imagem do Menino morto.

PAI. Todos contra mim. *(Olha o céu pela sacada aberta.)* Agora começará o eclipse. *(Dirige-se à sacada.)* Já apagaram as lâmpadas. *(Com angústia.)* Será bonito! Estive muito tempo a esperá-lo. E agora já não o vejo. Porque o enganaste?

NOIVA. Eu não o enganei.

PAI. Cinco anos, dia após dia. Ai, meu Deus!

(A Criada entra precipitadamente e corre até a sacada; fora, ouvem-se vozes.)

CRIADA. Estão discutindo!

PAI. Quem?

CRIADA. Já entrou. *(Sai rapidamente.)*

PAI. Que se passa?

NOIVA. Aonde vais? Fecha a porta! *(Com angústia.)*

PAI. Mas porquê?

NOIVA. Ah!

(Aparece o Jovem. Veste-se como quem chega da rua. Arruma os cabelos. No momento de entrar, acendem-se todas as luzes da cena e os ramos de lâmpadas que carregam os anjos nas mãos. As três personagens permanecem olhando-se, quietas e em silêncio.)

JOVEM. Perdoem...

(Pausa.)

PAI. *(Com embaraço.)* Sente-se.

(Entra a Criada muito nervosa, com as mãos sobre o peito.)

JOVEM. *(Dá a mão à Noiva.)* Foi uma viagem tão longa!

NOIVA. *(Olha-o muito fria e sem lhe soltar a mão.)* Sim. Uma viagem fria. Nevou muito estes últimos anos. *(Solta-lhe a mão.)*

JOVEM. Vocês vão me perdoar, mas por correr, por subir a escada, estou agitado. E depois... na rua bati numas crianças que estavam a matar um gato a pedradas.

(O Pai oferece-lhe uma cadeira.)

NOIVA. *(À Criada.)* Uma mão fria. Uma mão de cera cortada.

CRIADA. Vai ouvi-la!

NOIVA. E um olhar antigo. Um olhar que se parte como a asa de uma borboleta seca.

JOVEM. Não, não posso estar sentado. Prefiro conversar... De repente, enquanto subia a escada, vieram-me à memória todas as canções que tinha esquecido e queria cantá-las todas de uma vez. *(Aproxima-se da Noiva.)*... As tranças...

NOIVA. Nunca tive tranças.

JOVEM. Devia ser a luz da lua. Devia ser o ar coalhado na boca para beijar a tua cabeça.

(A Criada retira-se a um cómodo. O Pai aproxima-se das sacadas e olha com os binóculos.)

NOIVA. E tu não eras mais alto?

JOVEM. Não.

NOIVA. Não tinhas um sorriso violento, que era como uma garra sobre o teu rosto?

JOVEM. Não.

NOIVA. E tu não jogavas râguebi?

JOVEM. Nunca.

NOIVA. *(Com paixão.)* E não montavas num cavalo de crinas e matavas num dia três mil faisões?

JOVEM. Jamais.

NOIVA. Então! Para que me vens buscar? Tinhas as mãos cheias de anéis. Onde há uma gota de sangue?

JOVEM. Eu derramarei se te agrada.

NOIVA. *(Enérgica.)* Não é o teu sangue. É o meu!

JOVEM. Agora ninguém poderá separar os meus braços do teu pescoço!

NOIVA. Não são os teus braços, são os meus. Sou eu a que se quer queimar em outro fogo.

JOVEM. Não há fogo além do meu. *(Abraça-a.)* Porque te esperei e agora ganho o meu sonho. E não são sonho as tuas tranças porque eu mesmo as farei dos teus cabelos, nem é sonho a tua cintura onde canta o meu sangue, porque é meu este sangue, lentamente conquistado através de uma chuva, e meu este sonho.

NOIVA. *(Desenvencilha-se.)* Deixa-me. Podias ter dito tudo, menos a palavra sonho. Aqui não se sonha. Eu não quero sonhar... Eu estou protegida pelo telhado.

JOVEM. Mas ama-se.

NOIVA. Tampouco se ama. Vai-te!

JOVEM. Que dizes? *(Aterrorizado.)*

NOIVA. Que busques outra mulher a quem possas fazer tranças.

JOVEM. *(Como quem desperta.)* Não!!

NOIVA. Como vou deixar que entres na minha alcova quando outro já lá entrou?

JOVEM. Ai! *(Cobre a cara com as mãos.)*

NOIVA. Bastaram tão só dois dias para sentir-me carregada de correntes. Nos espelhos e entre os rendados da cama já ouço o gemido de uma criança que me persegue.

JOVEM. Mas a minha casa já está levantada. Com muros que eu mesmo ergui. Vou deixar que a desfrute o ar?

NOIVA. E que culpa tenho eu? Queres que me vá contigo?

JOVEM. *(Senta-se numa cadeira, abatido.)* Sim, sim, vem.

NOIVA. Um espelho, uma mesa estariam mais perto de ti do que eu.

JOVEM. Que vou fazer agora?

NOIVA. Amar.

JOVEM. Quem?

NOIVA. Procura. Pelas ruas, pelo campo.

JOVEM. *(Enérgico.)* Não procuro. Tenho-te. Estás aqui, entre as minhas mãos, neste mesmo instante, e não me podes fechar a porta porque venho molhado por uma chuva de cinco anos. E porque depois não há nada, porque depois não posso amar, porque depois tudo acabou.

NOIVA. Solta!

JOVEM. Não é a tua traição o que me dói. Tu não és nada. Tu não significas nada. É o meu tesouro perdido. É o meu amor sem objeto. Mas virás!

NOIVA. Não irei!

JOVEM. Para que não tenha que voltar a começar. Sinto que esqueço até das letras.

NOIVA. Não irei!!

JOVEM. Para que eu não morra. Ouves? Para que eu não morra!

NOIVA. Deixa-me!

CRIADA. *(Saindo.)* Senhorita! *(O Jovem solta a Noiva.)* Senhor!

PAI. *(Entrando.)* Quem grita?

NOIVA. Ninguém.

PAI. *(Olha o Jovem.)* Cavalheiro...

JOVEM. *(Abatido.)* Conversávamos.

NOIVA. *(Ao Pai.)* É preciso que lhe devolva os presentes... *(O Jovem faz um movimento.)* Todos. Seria injusto. Todos... menos os leques... porque se partiram.

JOVEM. *(Recorda.)* Dois leques.

NOIVA. Um azul...

JOVEM. Com três gôndolas fundidas...

NOIVA. E outro branco...

JOVEM. Que tinha no centro a cabeça de um tigre! E... estão partidos?

CRIADA. O filho do carvoeiro levou as últimas varinhas.

PAI. Eram uns leques bons, mas vamos...

JOVEM. *(A sorrir.)* Não importa que se tenham perdido. Trazem-me agora mesmo um ar que me queima a pele.

CRIADA. *(À Noiva.)* O vestido de noiva também?

NOIVA. Claro que sim.

CRIADA. *(Chorosa.)* Está aí dentro, no manequim.

PAI. *(Ao Jovem.)* Quisera eu que...

JOVEM. Não importa.

PAI. De todo modo, você está na sua casa.

JOVEM. Obrigado!

PAI. *(Que olha sempre à sacada.)* Já deve estar no começo. Perdoe. *(À Noiva.)* Vens?...

NOIVA. Sim. *(Ao Jovem.)* Adeus!

JOVEM. Adeus! *(Saem.)*

VOZ. *(Fora.)* Adeus!

JOVEM. Adeus... E agora? Que faço com esta hora que vem e que não conheço? Aonde vou?

(A luz da cena escurece. As lâmpadas dos anjos ganham uma luz azul. Pelas sacadas, volta a entrar uma luz de lua que irá aumentar até ao final. Ouve-se um gemido.)

JOVEM. *(Olha a porta.)* Quem é?

(Entra em cena o Manequim com vestido de noiva. Esta personagem tem a cara cinzenta e as sobrancelhas e os lábios dourados como um manequim de montra de luxo. Usa peruca e luvas de ouro. Veste, com certo embaraço, um esplêndido vestido de noiva branco, com longa cauda e véu.)

MANEQUIM. *(Canta e chora.)*

> Quem usará a prata amena
> da noiva menina e morena?
> No mar perde-se a minha cauda
> e de flor de laranjeira a lua veste a minha grinalda.
> O meu anel, senhor, o meu anel de ouro velho
> afundou-se nas areias do espelho.
> Quem vestirá o meu traje? Quem o vestirá?
> Vestirá a ria grande para casar-me com o mar.

JOVEM.

Que cantas, diz-me?

MANEQUIM.

Eu canto
morte que não tive nunca,
dor de véu sem uso,
com pranto de seda e pluma.
Roupa interior que fica
gelada de neve escura,
sem que os rendados possam
competir com as espumas.
Telas que cobrem a carne
serão para a água turva.
E em vez de rumor quente,
quebrado torso de chuva.
Quem vestirá a roupa amena
da noiva menina e morena?

JOVEM.

Vestirá o ar escuro
a jogar a aurora[14] na sua gruta,
ligas de raso os juncos,
meias de seda a lua.
Dá o véu às aranhas
para que comam e cubram
as pombas, enredadas
nos seus fios de formosura.
Ninguém vestirá o teu traje,
forma branca e luz confusa,
que orvalho e seda foram
levianas arquiteturas.

MANEQUIM.

No mar perde-se a minha cauda.

JOVEM.

E de flor de laranjeira a lua solta a tua grinalda.

---

[14] "alba", cf. *OC* vol. II: 364. No manuscrito da FFGL, Ato II, p. 11 (folha 3079), lemos "aire".

MANEQUIM. *(Irritado.)*

> Não quero. As minhas sedas têm,
> fio a fio e uma a uma,
> ânsia de calor de boda.[15]
> E a minha camisa pergunta
> onde estão as mãos mornas
> que oprimem na cintura.

JOVEM.

> Eu também pergunto. Cala-te!

MANEQUIM.

> Mentes. Tu tens a culpa.
> Pudeste ser para mim
> potro de chumbo e espuma,
> o ar rompido no freio
> e o mar atado à garupa.
> Pudeste ser um relincho
> e és lagoa adormecida,
> com folhas secas e musgo,
> desta roupa apodrecida.
> O meu anel, senhor, o meu anel de ouro velho.

JOVEM.

> Afundou-se nas areias do espelho!

MANEQUIM.

> Por que não vieste antes?
> Ela esperava nua
> como serpente de vento
> desmaiada pelas pontas.

JOVEM. *(Levanta-se.)*

> Silêncio. Deixa-me. Vai-te!
> Ou quebrar-te-ei com fúria
> as iniciais de nardo,
> que a branca seda oculta.

---

[15] As metáforas que relacionam as artes da tecelagem com a espera amorosa têm especial relevo no universo das heroínas lorquianas. As raízes mitológicas remetem-nos para as *Moirai* e para Penélope, mitos fortemente representados em obras como *Dona Rosita a solteira* (1935), vd. *OC* vol. II: 530-579.

Vai-te à rua procurar
ombros de virgem noturna
ou guitarras que te chorem
seis longos gritos de música.
Ninguém vestirá o teu traje.

MANEQUIM.

Hei de seguir-te sempre.

JOVEM.

Nunca!

MANEQUIM.

Deixa-me falar!

JOVEM.

É inútil!
Não quero saber!

MANEQUIM.

Escuta.
Olha.

JOVEM.

O quê?

MANEQUIM.

Uma roupinha
que roubei da costura.

(Mostra uma roupa rosa de criança.)

Duas fontes de leite branca
molham as minhas sedas de angústia
e uma dor branca de abelhas
cobre de raios a minha nuca.[16]

---

[16] Confirma-se, no poema do Manequim, que em *Assim que passarem cinco anos*
encontra-se uma das fontes de *Yerma*, já que este lamento pelo filho não gerado antecipa
a estrutura e o análogo conjunto de imagens que veremos, no poema trágico de 1934,
num dos solilóquios que melhor sintetizam o drama da protagonista:

Estes dois mananciais que eu tenho
de leite morno, são na espessura

O meu filho. Quero o meu filho!
Pela minha saia desenham-no
estas cintas que me estalam
de alegria na cintura.
E é o teu filho!

JOVEM. *(Apanha a roupinha.)*

Sim, o meu filho:
onde chegam e se juntam
pássaros de sonho louco
e jasmins de prudência.

(Angustiado.)

E se o meu menino não chega...?
Pássaro que o ar cruza
não pode cantar?

MANEQUIM.

Não pode.

JOVEM.

E se o meu menino não chega...?
Veleiro que a água sulca
não pode nadar?

MANEQUIM.

Não pode.

JOVEM.

Aquieta a arpa da chuva,
um mar feito pedra ri
últimas ondas escuras.

MANEQUIM.

Quem vestirá o meu traje? Quem o vestirá?

JOVEM. *(Entusiasmado e rotundo.)*

Vestirá mulher que espera à beira do mar.

---

da minha carne, dois pulsos de cavalo,
que fazem pulsar os ramos da minha angústia.
[...]
Ai, que dor de sangue aprisionado
me está cravando vespas na nuca!
(OC vol. II: 505)

MANEQUIM.

> Espera-te sempre, lembras-te?
>
> Estava na tua casa oculta.
>
> Ela amava-te e foi-se.
>
> O teu menino canta no seu berço
>
> e como é menino de neve
>
> espera o sangue teu.
>
> Corre, a buscá-la, depressa!,
>
> e entrega-ma nua
>
> para que as minhas sedas possam,
>
> fio a fio e uma a uma,
>
> abrir a rosa que cobre
>
> o seu ventre de carne loira.

JOVEM.

> Hei de viver.

MANEQUIM.

> Sem espera!

JOVEM.

> O meu menino canta no seu berço
>
> e como é menino de neve
>
> aguarda calor e apreço.

MANEQUIM. *(Busca a roupa da criança.)*

> Dá-me a roupa!

JOVEM. *(Doce.)*

> Não!

MANEQUIM. *(Arrebata-lhe.)*

> Quero-o!
>
> Enquanto tu vences e buscas,
>
> eu cantarei uma canção
>
> sobre as tuas ternas rugas. *(Beija-o.)*

JOVEM.

> Pronto! Onde está?

MANEQUIM.

> Na rua.

JOVEM.

> Antes que a rubra lua
>
> limpe com sangue de eclipse

a perfeição da sua curva,

trarei a tremer de amor

a minha própria mulher nua.

(A luz é de um azul intenso. Entra a Criada pela esquerda com um candelabro e a cena toma suavemente a sua luz normal[17], sem descuidar da luz azul das sacadas abertas de par em par que há ao fundo. No momento em que aparece a Criada, o Manequim fica rígido, com uma postura de montra. A cabeça inclinada e as mãos levantadas em atitude delicadíssima. A Criada deixa o candelabro sobre a mesa do toucador. Sempre em atitude compungida e olhando o Jovem. Neste momento aparece o Velho por uma porta da direita. A luz cresce.)

JOVEM. *(Assombrado.)* O senhor!
VELHO. *(Dá mostras de grande agitação e leva as mãos ao peito. Traz na mão um lenço de seda.)* Sim! Eu!

(A Criada sai rapidamente à sacada.)

JOVEM. *(Azedo.)* Não me faz nenhuma falta.
VELHO. Mais que nunca. Ai, feriste-me! Porque subiste? Eu sabia o que ia acontecer. Ai!
JOVEM. *(Doce, aproximando-se.)* Que tens?
VELHO. *(Enérgico.)* Nada. Não tenho nada. Uma ferida, mas... o sangue seca e o que passou, passado está. *(O Jovem começa a sair de cena.)* Aonde vais?
JOVEM. À procura.
VELHO. De quem?
JOVEM. Da mulher que me ama. O senhor já a viu na minha casa, não lembra?
VELHO. *(Severo.)* Não lembro. Mas espera.
JOVEM. Não. Agora mesmo.

(O Velho pega-o pelo braço.)

PAI. *(Entrando.)* Filha!, onde estás? Filha!

(Ouve-se a buzina do automóvel.)

---

[17] O manuscrito da FFGL, Ato II, p. 14 (folha 3080) avança, a partir deste ponto, para seis falas adiante, onde lemos a didascália *"O Jovem começa a sair de cena"*.

CRIADA. *(Na sacada.)* Senhorita! Senhorita!

PAI. *(Vai à sacada.)* Filha! Espera, espera! *(Sai.)*

JOVEM. Eu também vou. Eu procuro, como ela, a nova flor do meu sangue! *(Sai a correr.)*

VELHO. Espera! Espera! Não me deixes ferido! Espera! *(Sai. As suas vozes de "Espera, espera!" perdem-se.)*

(Ouve-se a buzina distante. A cena fica azul e o Manequim avança dolorido. Pergunta no primeiro verso com ímpeto e resposta no segundo, e como muito distante.)[18]

MANEQUIM.
O meu anel, senhor, o meu anel de ouro velho
(Pausa.)
afundou nas areias do espelho.
Quem vestirá o meu traje? Quem o vestirá?
(Pausa. Chorando.)
Vestirá a ria grande, para casar-me com o mar.
(Desmaia e fica estendido no sofá.)

VOZ. *(Fora.)* Esperaaa...!

Pano rápido

---

[18] Didascália suprimida no manuscrito da FFGL, Ato II, p. 14 (folha 3080).

ATO TERCEIRO

QUADRO PRIMEIRO

Bosque.[19] *Grandes troncos. No centro, um teatro rodeado de cortinas barrocas com o pano posto. Uma escadinha une o tabladinho ao palco. Ao levantar-se o pano, atravessam entre os troncos duas Figuras vestidas de negro, com as caras brancas de gesso e as mãos também brancas. Soa uma música distante. Sai o Arlequim. Veste-se de negro e verde. Carrega duas máscaras, uma em cada mão e escondidas nas costas. Age de modo rítmico, como um bailarino.*

ARLEQUIM.
        O Sonho vai sobre o Tempo
        a flutuar como um veleiro.
        Ninguém pode abrir sementes
        no coração do Sonho.

(Põe uma máscara de alegríssima expressão.)

        Ai, como canta a aurora! Como canta!

---

[19] Reconhecemos, no ambiente deste terceiro ato, a alusão de Lorca ao bosque de *Sonho de uma noite de verão*, de Shakespeare, que também se repetirá no bosque do terceiro ato de *Bodas de sangue*, cf. *OC* vol. II: 455. Segundo M. García-Posada, nas *OC* vol. II: 20-21, *Sonho de uma noite de verão* e *Romeu e Julieta* estão entre as principais bases do capital lírico e dramático de García Lorca. São incontáveis os estudos sobre a receção do imaginário shakespeariano na obra de Lorca, mas cabe mencionar, pela abrangência temática, o de S. Adani 1999. Acrescentemos que, especialmente nas comédias irrepresentáveis, tais bases se fazem notar de forma explícita. Como na comédia de Shakespeare, o espaço do bosque em *Assim que passarem* servirá de mote a todo um imaginário onírico, carregado de referências à mitologia clássica. Não será exagero afirmar que, neste aspeto, Lorca retoma motivos do seu teatro de juventude: já na *Comédia da Carvoeirinha* (1921), os elementos oníricos instauram-se a partir do ambiente noturno do bosque.

Que blocos de gelo azul levanta!

(Tira a máscara.)

O Tempo vai sobre o Sonho
fundido até aos cabelos.
Ontem e amanhã comem
escuras flores de duelo.

(Põe uma máscara de expressão adormecida.)

Ai, como canta a noite!
Que espessura de anémonas levanta!

(Tira-a.)

Sobre a mesma coluna,
abraçados Sonho e Tempo,
cruza o gemido da criança,
a língua rasgada do Velho.

(Com uma máscara.)

Ai, como canta a aurora! Como canta!

(Com outra máscara.)

Que espessura de anémonas levanta!

E se o Sonho finge muros
na planície do Tempo,
o Tempo faz-lhe crer
que nasce naquele momento.

Ai, como canta a noite! Como canta!
Que blocos de gelo azul levanta!

(A partir deste momento, ouvir-se-á ao fundo durante todo o ato, e com intervalos medidos, umas distantes trompas graves de caça. Aparece uma Rapariga vestida de negro, com túnica grega. Vem aos saltos com uma grinalda.)

RAPARIGA.

> Quem o diz,
> quem o dirá?
> O meu amante aguarda-me
> no fundo do mar.

ARLEQUIM. *(Gracioso.)*

> Mentira.

RAPARIGA.

> Verdade.
> Perdi o meu desejo,
> perdi o meu dedal,
> e nos troncos grandes,
> voltei a encontrá-los.

ARLEQUIM. *(Irónico.)*

> Uma corda muito longa.

RAPARIGA.

> Longa; para baixar.
> Tubarões e peixes
> e ramos de coral.

ARLEQUIM.

> Abaixo está.

RAPARIGA. *(Em voz baixa.)*

> Muito abaixo.

ARLEQUIM.

> Adormecido.

RAPARIGA.

> Abaixo está!
> Bandeiras de água verde
> nomeiam-no capitão!

ARLEQUIM. *(Em voz alta e gracioso.)*

> Mentira!

RAPARIGA. *(Em voz alta.)*

> Verdade!

Perdi a minha coroa,

perdi o meu dedal,

e à meia-volta,

voltei a encontrá-los.

ARLEQUIM.

Agora mesmo.

RAPARIGA.

Agora?

ARLEQUIM.

O teu amante verás

à meia-volta

do vento e do mar.

RAPARIGA. *(Assustada.)*

Mentira!

ARLEQUIM.

Verdade!

Que eu to darei.

RAPARIGA. *(Inquieta.)*

Não mo darás.

Não chega nunca

ao fundo do mar.

ARLEQUIM. *(Eloquente e como se estivesse no circo.)*

Senhor homem, acuda!

(Aparece um esplêndido palhaço, cheio de lantejoulas. A sua cabeça cheia de pó dará uma sensação de caveira. Ri em grandes gargalhadas.)

ARLEQUIM.

O senhor dará

a esta garotinha...

PALHAÇO.

O seu noivo do mar.

(Recolhe as mangas da roupa.)

Que venha uma escada!

RAPARIGA. *(Assustada.)*

Sim?

PALHAÇO. *(À Rapariga.)*

Para baixar.

(Ao público.)

Boa noite!

ARLEQUIM.

Bravo!

PALHAÇO. *(Ao Arlequim.)*

Tu, olha para lá!

(O Arlequim, a rir-se, vira-se.)

Vamos, toca!

ARLEQUIM. *(Bate palmas.)*

Toco!

(O Arlequim toca um violino branco com duas cordas de ouro. Deve ser grande e plano. Canta[20].)

PALHAÇO.

Noivo, onde estás?

ARLEQUIM. *(Finge a voz.)*

Pelas frescas algas

eu vou caçar

grandes caracóis

e lírios de sal.

RAPARIGA. *(Grita, assustada com a realidade.)*

Não quero!

PALHAÇO.

Silêncio!

(O Arlequim ri-se.)

RAPARIGA. *(Ao Palhaço, com medo.)*

Eu vou saltar

pelas relvas altas.

Depois iremos

à água do mar.

ARLEQUIM. *(Jocoso e a virar-se.)*

---

[20] No manuscrito da FFGL, Ato III, p. 3 (folha 3082), *"Lleva el compas* (sic.) *con la cabeza"*.

Mentira!

RAPARIGA. *(Ao Palhaço.)*

Verdade!

(Começa a sair de cena, a chorar.)

Quem o disse?

Quem o dirá?

Perdi a minha coroa,

perdi o meu dedal.

ARLEQUIM. *(Melancólico.)*

À meia volta

do vento e o mar.

(Sai a Rapariga.)

PALHAÇO. *(A fazer sinal.)*

Ali.

ARLEQUIM.

Onde? Para que?

PALHAÇO.

Para representar.

Um menino pequeno

que quer transformar

em flores de aço

o seu pedaço de pão.

ARLEQUIM. *(Levemente incrédulo.)*

Mentira!

PALHAÇO. *(Severo.)*

Verdade!

Perdi rosa e curva,

perdi o meu colar,

e em marfim recente

voltei a encontrá-los.

ARLEQUIM.

Senhor homem! Venha!

(Inicia a saída de cena.)

PALHAÇO. *(Eloquente, a olhar o bosque e a adiantar-se ao Arlequim.)*
> Sem tanto gritar!
> Bom dia!

(Em voz baixa.)
> Vamos!
> Toca!

ARLEQUIM.
> Toco?

PALHAÇO.
> Uma valsa.

(O Arlequim começa a tocar. Em voz baixa.)

> Depressa!

(Em voz alta.)
> Senhores:
> vou demonstrar...

ARLEQUIM.
> Que em marfim crescente
> voltou a encontrá-los.

PALHAÇO.
> Vou demonstrar...

(Sai.)

ARLEQUIM. *(Saindo.)*
> A roda que gira
> do vento e o mar.

(Ouvem-se as trompas. Sai a Datilógrafa. Veste um traje de ténis, com boina de cor intensa. Por cima do vestido, uma capa longa de uma só seda. Vem com a Máscara primeira. Esta usa um vestido de 1900, amarelo raivoso, com longa cauda, cabelos de seda amarelos, a cair como um manto, e máscara branca de gesso com luvas até aos cotovelos, da mesma cor. Usa chapéu amarelo, e todo o peito de seios inchados há de ter espalhadas lantejoulas de ouro. O efeito desta personagem deve ser exagerado sobre o fundo de azuis lunares e troncos noturnos. Fala com um leve sotaque italiano.)

MÁSCARA. *(A rir-se.)* Um verdadeiro encanto!

DATILÓGRAFA. Eu fui embora da casa dele. Lembro que na tarde da minha partida havia uma grande tempestade de verão e tinha morrido o menino da portaria. Eu atravessei a biblioteca e ele disse-me: "Tinhas-me chamado?"; ao que eu respondi, a fechar os olhos: "Não!!". E depois, já à porta, disse: "Precisas de mim?"; e eu disse-lhe: "Não. Não preciso de ti".

MÁSCARA. Precioso!

DATILÓGRAFA. Esperava sempre de pé toda a noite até que eu aparecesse à janela.

MÁSCARA. E você, *señorina* Datilógrafa?...

DATILÓGRAFA. Não aparecia. Mas... Via-o por trás das frestas... quieto! *(Apanha um lenço.)*, com uns olhos! O ar entrava como uma faca, mas eu não lhe podia falar.

MÁSCARA. *Puor qué, señorina?*

DATILÓGRAFA. Porque me amava em demasia.

MÁSCARA. *Oh mio Dio!* Era igual ao conde Arturo de Itália. Oh amor!

DATILÓGRAFA. Sim?

MÁSCARA. No *foyer* da ópera de Paris há umas enormes balaustradas que dão para o mar. O conde Arturo, com uma camélia entre os lábios, vinha numa pequena barca com o seu filho, os dois abandonados por mim. Mas eu corria as cortinas e lançava--lhes um diamante. Oh! Que *dolchísimo* tormento, *amica mia!* *(Chora.)* O conde e o seu menino passavam fome e dormiam entre os galhos com um cão lebreiro que um senhor da Rússia me tinha dado de prenda. *(Enérgica e suplicante.)* Não tens um bocadinho de pão para mim? Não tens um bocadinho de pão para o meu filho? Para o menino que o conde Arturo deixou morrer na geada?... *(Agitada.)* E depois fui ao hospital e ali soube que o conde se havia casado com uma grande senhora romana... E depois pedi esmola e dividi a minha cama com os homens que descarregavam o carvão nas docas.

DATILÓGRAFA. Que dizes? Por que falas assim?...

MÁSCARA. *(A acalmar-se.)* Digo que o conde Arturo me amava tanto que chorava por trás das cortinas com o seu filho, enquanto eu era como uma meia lua de prata entre os binóculos e as luzes a gás que brilhavam sob a cúpula da grande Ópera de Paris.

DATILÓGRAFA. Delicioso. E quando chega o conde?

MÁSCARA. E quando chega *tu amico?*

DATILÓGRAFA. Demorará. Nunca é para já.

MÁSCARA. Também Arturo demorará para já. Tem na mão direita uma cicatriz que lhe fizeram com um punhal... por mim, desde logo. *(Mostra a sua mão.)* Não vês? *(Aponta o pescoço.)* E aqui outra, vês?

DATILÓGRAFA. Sim, mas por que?

MÁSCARA. *Per qué? Per qué?* Que faço eu sem feridas? De quem são as feridas do meu conde?

DATILÓGRAFA. Tuas. É verdade! Faz cinco anos que me espera, mas... que bonito é esperar com segurança o momento de ser amada!

MÁSCARA. E é seguro!

DATILÓGRAFA. Seguro! Por isso nos vamos rir! Quando pequena, eu guardava os doces para comê-los depois.

MÁSCARA. Rá, rá, rá! É, não é? Sabem melhor!

(Ouvem-se as trompas.)

DATILÓGRAFA. *(Inicia a saída de cena.)* Se meu amigo vem, tão alto!, com o cabelo todo ondulado, mas ondulado de um modo especial, tu fazes como se não o conhecesses.

MÁSCARA. Claro, *amica mia!* *(Recolhe a cauda.)*

(Aparece o Jovem. Veste um traje niker cinzento com meias azuis aos quadrados.)

ARLEQUIM. *(A sair.)* Eh!

JOVEM. O quê?

ARLEQUIM. Aonde vai?

JOVEM. À minha casa.

ARLEQUIM. *(Irónico.)* Ah sim?

JOVEM. Claro. *(Começa a andar.)*

ARLEQUIM. Ei! Por aí não se pode passar.

JOVEM. Cercaram o parque?

ARLEQUIM. Por aí está o circo.

JOVEM. Bom. *(Volta.)*

ARLEQUIM. Cheio de espectadores definitivamente quietos. *(Suave.)* O senhor não quer entrar?

JOVEM. *(Estremecido.)* Não. *(Não querendo ouvir.)* Também está intercetada a rua dos choupos?

ARLEQUIM. Ali estão os carros e as jaulas com as serpentes.

JOVEM. Então voltarei atrás. *(Inicia a saída de cena.)*

PALHAÇO. *(A sair pelo lado oposto.)* Mas aonde vai? Rá, rá, rá!

ARLEQUIM. Diz que vai à sua casa.

PALHAÇO. *(Dá uma bofetada de circo ao Arlequim.)* Toma casa!

ARLEQUIM. *(Cai ao chão, a gritar.)* Ai, que me dói, que me dói! Aii!

PALHAÇO. *(Ao Jovem.)* Venha!

JOVEM. *(Irritado.)* Mas o senhor quer dizer-me que brincadeira é esta? Eu ia à minha casa, quer dizer, à minha casa, não; a outra casa...

PALHAÇO. *(Interrompe.)* À procura.

JOVEM. Sim, porque necessito. À procura.

PALHAÇO. *(Alegre.)* À procura?... Dá meia volta e encontrarás.

A VOZ DA DATILÓGRAFA. *(Canta.)*

> Aonde vais, amor meu,
>
> amor meu!,
>
> com o ar num copo
>
> e o mar num vidro.

(O Arlequim já se levantou. O Palhaço faz-lhe sinais. O Jovem está virado de costas, e eles saem também sem dar as costas, sobre as pontas dos pés, com passo de dança e o dedo sobre os lábios. As luzes do teatro acendem-se.)

JOVEM. *(Assombrado.)*

> Aonde vais, amor meu,
>
> vida minha, amor meu,
>
> com o ar num copo
>
> e o mar num vidro?

DATILÓGRAFA. *(Aparece cheia de júbilo.)*

> Aonde? Aonde me chamam!

JOVEM. *(Abraça-a.)*

> Vida minha!

DATILÓGRAFA. *(Abraça-o.)*

> Contigo.

JOVEM.

> Hei de levar-te nua,
>
> flor murcha e corpo limpo,
>
> ao sítio onde as sedas
>
> estão a tremer de frio.
>
> Lençóis brancos aguardam-te.
>
> Vamos já. Agora mesmo.
>
> Antes que nos ramos gemam
>
> rouxinóis amarelos.

DATILÓGRAFA.

> Sim; que o sol é um milhano.
>
> Melhor: um falcão de vidro.
>
> Não: que o sol é um grande tronco,

e tu a sombra de um rio.

Como, se me abraças, diz,

não nascem juncos e lírios

e não destingem as tuas ondas

a cor do meu vestido?

Amor, deixa-me no monte

farta de nuvem e orvalho,

para ver-te grande e triste

cobrir um céu adormecido.

JOVEM.

Não fales assim, menina! Vamos.

Não quero tempo perdido.

Sangue puro e calor profundo

estão a levar-me a outro sítio.

Quero viver.

DATILÓGRAFA.

Com quem?

JOVEM.

Contigo.

DATILÓGRAFA.

Que é isso que soa muito longe?

JOVEM.

Amor,

o dia que volta.

Amor meu!

DATILÓGRAFA. *(Alegre e como em sonho.)*

Um rouxinol! Que cante!

Rouxinol cinzento da tarde,

no ramo do bordo.

Rouxinol, senti-te!

Quero viver.

JOVEM.

Com quem?

DATILÓGRAFA.

Com a sombra de um rio.

(Angustiada e a refugiar-se no peito do Jovem.)

Que é isso que soa muito longe?

JOVEM.

Amor.

O sangue na minha garganta,

amor meu!

DATILÓGRAFA.

Sempre assim, sempre, sempre,

acordados ou adormecidos.

JOVEM.

Nunca assim, nunca!, nunca!

Vamos embora deste sítio.

DATILÓGRAFA.

Espera!

JOVEM.

Amor não espera!

DATILÓGRAFA. *(Desenvencilha-se do Jovem.)*

Aonde vais, amor meu,

com o ar num copo

e o mar num vidro?

(Dirige-se à escada. As cortinas do teatrinho correm e aparece a biblioteca do primeiro ato, reduzida e com tons muito pálidos. Aparece no palquinho a Máscara amarela, tem um lenço de renda na mão e aspira, sem cessar, enquanto chora, um frasco de sais.)

MÁSCARA. *(À Datilógrafa.)* Agora mesmo acabo de abandonar para sempre o conde. Ficou aí atrás com o seu filho. *(Baixa as escadas.)* Tenho a certeza de que morrerá. Mas amou-me tanto, tanto. *(Chora. À Datilógrafa.)* Tu não sabias? O seu filho morrerá sob a geada. Abandonei-o. Não vês como estou contente? Não vês como rio? *(Chora.)* Agora me procurará por todo lado. *(Ao chão.)* Vou esconder-me dentro das amoras silvestres *(Em voz alta.)*, dentro das amoras silvestres. Falo assim porque não quero que Arturo me sinta. *(Em voz alta.)* Não te amo! Já te disse que não te amo! *(Sai a chorar.)* Tu a mim, sim, mas eu a ti não te amo!

(Aparecem dois Criados vestidos com librés azuis e caras palidíssimas que deixam na esquerda do palco dois tamboretes brancos. Pelo palquinho atravessa o Criado do primeiro ato, sempre a andar sobre as pontas dos pés.)

DATILÓGRAFA. *(Ao Criado, a subir as escadas do palquinho.)* Se o senhor vem, que passe. *(No palquinho.)* Embora não venha até que deva.

(O Jovem começa lentamente a subir a escadinha.)

JOVEM. *(No palquinho, apaixonado.)* Estás contente aqui?
DATILÓGRAFA. Escreveste as cartas?
JOVEM. Lá em cima fica-se melhor. Vem!
DATILÓGRAFA. Amei-te tanto!
JOVEM. Amo-te tanto!
DATILÓGRAFA. Amar-te-ei tanto!
JOVEM. Parece que agonizo sem ti. Aonde vou se tu me deixas? Não me lembro de nada. A outra não existe, mas tu sim, porque tu me amas.
DATILÓGRAFA. Amei-te, querido! Amar-te-ei sempre.
JOVEM. Agora...
DATILÓGRAFA. Porque dizes agora?

(Aparece pelo palco grande o Velho. Está vestido de azul e traz um grande lenço na mão, manchado de sangue, que leva ao peito e à cara. Dá mostras de agitação viva e observa atentamente o que acontece no palquinho.)

JOVEM. Eu esperava e morria.
DATILÓGRAFA. Eu morria de esperar.
JOVEM. Mas o sangue golpeia as minhas têmporas com os seus dedos de fogo, e agora já te tenho aqui.
VOZ. *(Fora.)* O meu filho! O meu filho!

(Cruza o palquinho o Menino morto. Vem só e entra por uma porta à esquerda.)

JOVEM. Sim, o meu filho! Corre por dentro de mim, como uma formiguinha só, dentro de uma caixa fechada. *(À Datilógrafa.)* Um pouco de luz para o meu filho! Por favor! É tão pequeno! Esmaga as narinas no cristal do meu coração, e, no entanto, não tem ar!
MÁSCARA AMARELA. *(Aparece no palco grande.)* O meu filho!

(Saem mais duas Máscaras, que presenciam a cena.)

DATILÓGRAFA. *(Autoritária e seca.)* Escreveste as cartas? Não é o teu filho, sou eu. Tu esperavas e deixaste-me ir embora, mas sempre te sentias amado. É mentira o que digo?

JOVEM. *(Impaciente.)* Não, mas...

DATILÓGRAFA. Eu, em compensação, sabia que tu não me amarias nunca. E, no entanto, eu suspendi o meu amor e transformei-te e vi-te pelos cantos da minha casa. *(Apaixonada.)* Amo-te, porém mais distante de ti! Fugi tanto, que necessito contemplar o mar para poder evocar o tremor da tua boca.

VELHO. Porque se ele tem vinte anos pode ter vinte luas.

DATILÓGRAFA. *(Lírica.)* Vinte rochas, vinte nortes de neve.

JOVEM. *(Irritado.)* Cala-te. Tu virás comigo. Porque me amas e porque é necessário que eu viva.

DATILÓGRAFA. Sim; amo-te, só que muito mais! Tu não tens olhos para ver-me nua, nem boca para beijar o meu corpo que nunca acaba. Deixa-me. Amo-te demais para poder-te contemplar.

JOVEM. Nem um minuto mais! Vamos! *(Pega-a pelos punhos.)*

DATILÓGRAFA. Magoas-me, amor!

JOVEM. Assim me sentes!

DATILÓGRAFA. *(Doce.)* Espera... Eu irei... Sempre. *(Abraça-o.)*

VELHO. Ela irá. Senta-te, amigo meu. Espera.

JOVEM. *(Angustiado.)* Não!!

DATILÓGRAFA. Estou muito alta. Porque me deixaste? Ia morrer de frio e tive que procurar o teu amor por onde não há gente. Mas estarei contigo. Deixa-me baixar pouco a pouco a ti.

(Aparecem o Palhaço e o Arlequim. O Palhaço traz uma concertina e o Arlequim o seu violino branco. Sentam-se nos tamboretes.)

PALHAÇO.

    Uma música.

ARLEQUIM.

    De anos.

PALHAÇO.

    Luas e mares sem abrir.

    Fica atrás?

ARLEQUIM.

    A mortalha do ar.

PALHAÇO.

    E a música do teu violino.

(Tocam.)

JOVEM. *(A sair de um sonho.)* Vamos!

DATILÓGRAFA. Sim... Será possível que sejas tu? Assim, de repente! Sem ter provado lentamente dessa bonita ideia: amanhã será? Não te dá pena de mim?

JOVEM. Lá em cima há como um ninho. Ouve-se cantar o rouxinol... e ainda que não se ouça, ainda que o morcego bata nos vidros!

DATILÓGRAFA. Sim, sim, mas...

JOVEM. *(Enérgico.)* A tua boca! *(Beija-a.)*

DATILÓGRAFA. Mais tarde...

JOVEM. *(Apaixonado.)* É melhor à noite.

DATILÓGRAFA. Eu irei!

JOVEM. Sem demora!

DATILÓGRAFA. Eu quero! Escuta.

JOVEM. Vamos!

DATILÓGRAFA. Mas...

JOVEM. Diz-me.

DATILÓGRAFA. Irei contigo!...

JOVEM. Amor!

DATILÓGRAFA. Irei contigo. *(Tímida.)* Assim que passarem cinco anos!

JOVEM. Ai! *(Leva as mãos à testa.)*

VELHO. *(Em voz baixa.)* Bravo!

(O Jovem começa a descer lentamente as escadas. A Datilógrafa permanece em atitude estática no palco. Sai o Criado na ponta dos pés e cobre-a com uma grande capa branca.)

PALHAÇO.

    Uma música.

ARLEQUIM.

    De anos.

PALHAÇO.

    Luas e mares sem abrir.

    Fica atrás...

ARLEQUIM.

    A mortalha do ar.

PALHAÇO.

    E a música do teu violino.

(Tocam.)

MÁSCARA AMARELA.

O conde beija o meu retrato de amazona.

VELHO.

Vamos não chegar, mas vamos ir.

JOVEM. *(Desesperado, ao Palhaço.)*

A saída, por onde?

DATILÓGRAFA. *(No palco pequeno e como em sonho.)*

Amor! Amor!

JOVEM. *(Estremecido.)*

Mostra-me a porta!

PALHAÇO. *(Irónico, aponta à esquerda.)*

Por ali.

ARLEQUIM. *(Aponta à direita.)*

Por ali.

DATILÓGRAFA.

Espero por ti, amor; espero-te, volta logo!

ARLEQUIM. *(Irónico.)*

Por ali!

JOVEM. *(Ao Palhaço.)*

Romperei as tuas jaulas e telas.

Eu sei saltar o muro.

VELHO. *(Com angústia.)*

Por aqui.

JOVEM.

Quero voltar! Deixai-me.

ARLEQUIM.

Fica o vento!

PALHAÇO.

E a música do teu violino.

Pano

QUADRO ÚLTIMO[21]

A mesma biblioteca do primeiro ato. À esquerda, o vestido de noiva posto num manequim sem cabeça e sem mãos. Várias malas abertas. À direita, uma mesa.

Saem o Criado e a Criada.

CRIADA. *(Assombrada.)* A sério?

CRIADO. Agora está de zeladora, mas antes foi uma grande senhora. Viveu muito tempo com um conde riquíssimo, pai do menino que acabam de enterrar.

CRIADA. Pobrezinho meu! Que precioso era!

CRIADO. Desta época vem a sua mania de grandeza. Por isso gastou tudo o que tinha com a roupa do menino e o caixão.

CRIADA. E com as flores! Eu ofereci-lhe um raminho de rosas, mas eram tão pequenas que nem sequer entraram no quarto.

JOVEM. *(Entra.)* Juan.

CRIADO. Senhor.

(A Criada sai.)

JOVEM. Dá-me um copo de água fria. *(O Jovem dá mostras de uma grande desesperança e de desfalecimento físico.)*

(O Criado serve-lhe a água.)

JOVEM. *(Alegre.)* Não era esse janelão muito maior?

CRIADO. Não.

JOVEM. É assombroso que seja tão estreito. A minha casa tinha um pátio enorme, onde eu brincava com os meus cavalinhos. Quando o vi com vinte anos era tão pequeno que me parecia incrível que tivesse podido voar tanto por ele.

---

[21] No manuscrito da FFGL (folha 3087), lemos "Epílogo".

CRIADO. O senhor está bem?

JOVEM. Está bem uma fonte a deitar água? Responde.

CRIADO. *(Sorridente.)* Não sei.

JOVEM. Está bem um cata-vento a girar como o vento quer?

CRIADO. O senhor dá cada exemplo... Mas eu perguntar-lhe-ia, se o senhor me permite... está bem o vento?

JOVEM. *(Seco.)* Estou bem.

CRIADO. Descansou o suficiente depois da viagem?

JOVEM. *(Bebe.)* Sim.

CRIADO. Comemoro infinitamente. *(Inicia a saída de cena.)*

JOVEM. Juan, a minha roupa está preparada?

CRIADO. Sim, senhor. Está no seu quarto.

JOVEM. Que traje?

CRIADO. O fraque. Estendi-o na cama.

JOVEM. *(Irritado.)* Pois que o tire! Não quero subir e encontrá-lo estendido na cama tão grande, tão vazia! Não sei a quem ocorreu comprá-la. Eu tinha antes outra pequena, lembras-te?

CRIADO. Sim, senhor: a de nogueira talhada.

JOVEM. *(Alegre.)* Isso! A de nogueira talhada. Como se dormia bem nela! Lembro que, quando era menino, vi nascer uma lua enorme por detrás dos balaústres dos seus pés... Ou foi pelos ferros da sacada? Não sei. Onde está?

CRIADO. *(Sério.)* O senhor deu-a de presente.

JOVEM. *(Pensando.)* A quem?

CRIADO. *(Sério.)* À sua antiga datilógrafa.

(O Jovem fica pensativo. Pausa.)

JOVEM. *(Indica ao Criado que se vá.)* Está bem.

(Sai o Criado.)

JOVEM. *(Com angústia.)* Juan!

CRIADO. *(Severo.)* Senhor.

JOVEM. Puseste-me sapatos de verniz...

CRIADO. Os que têm tiras de seda negra.

JOVEM. Seda negra... Não... Procura outros. *(Levanta-se.)* E será possível que nesta casa o ar esteja sempre rarefeito? Vou cortar todas as flores do jardim, sobretudo essas malditas adelfas que saltam pelos muros, e essa relva que sai sozinha à meia-noite.

CRIADO. Dizem que com as anémonas e dormideiras dói a cabeça em certas horas do dia.

JOVEM. Deve ser isso. Também levas isso contigo. *(Aponta o traje.)* Pões na água-
-furtada.

CRIADO. Muito bem. *(Vai sair.)*

JOVEM. *(Tímido.)* E deixa-me os sapatos de verniz. Mas muda as tiras.

(Soa uma campainha.)

CRIADO. *(Entra.)* São os cavalheiros, que vêm jogar.

JOVEM. *(Com fastio.)* Abre.

CRIADO. O senhor terá necessidade de vestir-se.

JOVEM. *(A sair.)* Sim. *(Sai quase como uma sombra.)*

*(Entram os Jogadores. São três. Vêm de fraque. Usam capas longas de cetim branco
que lhes chegam aos pés.)*

JOGADOR 1.º Foi em Veneza. Um mau ano de jogo. Mas aquele rapaz jogava a sério.
Estava pálido, tão pálido que na última jogada já não tinha mais remédio senão soltar o
ás de *coeur*. Um coração seu cheio de sangue. Soltou-o, e ao ir recolhê-lo *(Baixa a voz.)*
para... *(Olha os dois.)*, tinha um ás de copas que derramava pelas bordas e fugiu a beber
nele, com duas meninas, pelo Grande Canal.

JOGADOR 2.º Não se pode confiar em gente pálida ou em gente que tem fastio; jogam,
mas reservam.

JOGADOR 3.º Eu joguei na Índia com um velho que quando já não tinha uma gota
de sangue sobre as cartas, e eu esperava o momento de lançar-me sobre ele, tingiu de
vermelho com uma anilina especial todas as copas e pôde escapar entre as árvores.

JOGADOR 1.º Jogamos e ganhamos, mas que trabalho nos custa! As cartas bebem rico
sangue nas mãos e é difícil cortar o fio que as une.

JOGADOR 2.º Mas acredito que com este... não nos equivocamos.

JOGADOR 3.º Não sei.

JOGADOR 1.º *(Ao 2.º)* Não aprenderás nunca a conhecer os teus clientes. Este? A vida
escapa-lhe em dois jorros pelas suas pupilas, que molham os cantos dos lábios e tingem
de coral o peitilho do fraque.

JOGADOR 2.º Sim. Mas lembras-te do menino que na Suécia jogou connosco quase
agonizante, e por pouco nos deixa cegos aos três com o jorro de sangue que nos soltou.

JOGADOR 3.º O baralho! *(Saca um baralho.)*

JOGADOR 2.º Há que estar muito suave com ele para que não reaja.

JOGADOR 1.º E ainda que nem à *outra* nem à senhorita datilógrafa lhes ocorrerá vir por aqui até que passarem cinco anos, se é que vêm.

JOGADOR 3.º *(Ri-se.)* Se é que vêm! Rá, rá, rá.

JOGADOR 1.º *(Ri-se.)* Não ficará mal sermos rápidos na jogada.

JOGADOR 2.º Ele guarda um ás.

JOGADOR 3.º Um coração jovem, onde é provável que resvalem as flechas.

JOGADOR 1.º *(Alegre e profundo.)* Rá! Eu comprei umas flechas num tiro ao alvo...

JOGADOR 3.º *(Com curiosidade.)* Onde?

JOGADOR 1.º *(De brincadeira.)* Num tiro ao alvo. Que não somente se cravam sobre o aço mais duro, senão sobre a gaze mais fina. E isto sim é que é difícil! *(Riem-se.)*

JOGADOR 2.º *(Ri-se.)* Enfim! Já veremos!

(Aparece o Jovem vestido de fraque.)

JOVEM. Senhores! *(Estende-lhes a mão.)* Vieram muito cedo. Faz demasiado calor.

JOGADOR 1.º Nem tanto!

JOGADOR 2.º *(Ao Jovem.)* Elegante como sempre!

JOGADOR 1.º Tão elegante, que já não se devia desnudar nunca.

JOGADOR 3.º Há vezes em que a roupa nos cai tão bem, que já não queremos...

JOGADOR 2.º *(Interrompe.)* Que já não podemos arrancá-la do corpo.

JOVEM. *(Com fastio.)* Demasiado amáveis.

(Aparece o Criado com uma bandeja e taças que deixa sobre a mesa.)

JOVEM. Começamos?

(Sentam-se os três.)

JOGADOR 1.º Dispostos.

JOGADOR 2.º *(Em voz baixa.)* Bom olho!

JOGADOR 3.º Não se senta?

JOVEM. Não... Prefiro jogar de pé.

JOGADOR 1.º De pé?

JOGADOR 2.º *(Baixo.)* Terá necessidade de afundar muito.

JOGADOR 1.º *(Reparte as cartas.)* Quantas?

JOVEM. Quatro. *(Dá para si e para os demais.)*

JOGADOR 3.º *(Baixo.)* Jogada nula.

JOVEM. Que cartas mais frias! Nada. *(Deixa-as sobre a mesa.)* E os senhores?...

JOGADOR 1.º *(Com voz grave.)* Nada.

JOGADOR 2.º Nada.

JOGADOR 3.º Nada.

(O Jogador 1.º dá-lhes as cartas outra vez.)

JOGADOR 2.º *(Olha as suas cartas.)* Magnífico!

JOGADOR 3.º *(Olha as suas cartas e com inquietação.)* Vamos ver!

JOGADOR 1.º *(Ao Jovem.)* O senhor joga.

JOVEM. *(Alegre.)* E jogo! *(Lança uma carta sobre a mesa.)*

JOGADOR 1.º *(Enérgico.)* E eu!

JOGADOR 2.º E eu!

JOGADOR 3.º E eu!

JOVEM. *(Excitado, com uma carta.)* E agora?...

(Os três Jogadores mostram as suas cartas. O Jovem detém-se e oculta-a na mão.)

JOVEM. Juan, serve licor a estes senhores.

JOGADOR 1.º *(Suave.)* Tem o senhor a bondade da carta?

JOVEM. *(Angustiado.)* Que licor desejam?

JOGADOR 2.º *(Doce.)* A carta?

JOVEM. *(Ao Jogador 3.)* Ao senhor, seguramente, agradar-lhe-á o de anis. É uma bebida...

JOGADOR 3.º Por favor... a carta...

JOVEM. *(Ao Criado, que entra.)* Como não há uísque? *(No momento em que o Criado entra, os Jogadores ficam silenciosos com as cartas na mão.)* Nem conhaque?...

JOGADOR 1.º *(Em voz baixa e a esconder-se do Criado.)* A carta!

JOVEM. *(Angustiado.)* O conhaque é uma bebida para homens que sabem resistir.

JOGADOR 2.º *(Enérgico, mas em voz baixa.)* A sua carta!

JOVEM. Ou preferem *chartreuse*[22]?

(Sai o Criado.)

JOGADOR 1.º *(Levanta-se enérgico.)* Tenha a bondade de jogar.

---

[22] Licor de ervas aromáticas produzido pelos monges *cartujos*, de coloração verde ou suavemente dourada.

JOVEM. Agora mesmo. Mas beberemos.

JOGADOR 3.º *(Forte.)* Há que jogar!

JOVEM. *(Agonizante.)* Sim, sim. Um pouco de *chartreuse*! O *chartreuse* é como uma grande noite de lua verde dentro de um castelo onde há um jovem de calções de ouro.

JOGADOR 1.º *(Forte.)* É necessário que o senhor nos dê o seu ás.

JOVEM. *(À parte.)* O meu coração!

JOGADOR 2.º *(Enérgico.)* Porque há que ganhar ou perder... Vamos. A sua carta!

JOGADOR 3.º Vamos!

JOGADOR 1.º Haja jogo!

JOVEM. *(Com dor.)* A minha carta!

JOGADOR 1.º A última!

JOVEM. Jogo! *(Põe a carta sobre a mesa.)*

(Neste momento, nas prateleiras da biblioteca aparece um grande ás de couer *iluminado. O Jogador 1.º saca uma pistola e dispara, sem barulho, com uma flecha. O ás desaparece, e o Jovem leva as mãos ao coração.)*

JOGADOR 1.º Há que viver!

JOGADOR 2.º Não há que esperar!

JOGADOR 3.º Corta! Corta bem!

(O Jogador 1.º, com uma tesoura, lança uns cortes ao ar.)

JOGADOR 1.º *(Em voz baixa.)* Vamos.

JOGADOR 2.º Depressa!

JOGADOR 3.º Não há que esperar nunca. Há que viver. *(Saem.)*

JOVEM. Juan! Juan!

ECO. Juan! Juan!

JOVEM. *(Agonizante.)* Eu perdi tudo.

ECO. Eu perdi tudo.

JOVEM. Meu amor.

ECO. Amor.[23]

---

[23]   No manuscrito da FFGL, Epílogo, p. 6 (folha 3089), acrescenta-se:
JOVEM. Juan. *(Morre no sofá.)*
ECO. Juan.

(O Jovem morre. Aparece o Criado com um candelabro aceso. O relógio bate as doze.[24]*)*

Pano

Granada, 19 de agosto de 1931
Huerta de San Vicente

Em edições anteriores da obra, baseadas no original de 1931, o texto não termina aqui, antes inclui o seguinte diálogo, seguido da didascália final praticamente idêntica à da versão definitiva, cf. García Lorca 2006: 151; 352-353, n.:

JOVEM. *(No sofá.)* Juan
ECO. Juan
JOVEM. Não há?
ECO. Não há.
SEGUNDO ECO. *(Mais distante.)* Não há.
JOVEM. Nenhum homem aqui
ECO. Aqui.....
SEGUNDO ECO. Aqui.....

[24] M. Ucelay considera a possibilidade de que as doze badaladas, aqui, marquem na verdade as seis horas, porém duplicadas pelo Eco, cf. García Lorca 2006: 76. Tal hipótese ganha sentido se consideramos o caráter cíclico de uma obra que, como Lenda do Tempo que é, retornará, no desfecho, ao seu ponto de início. Afinal, já no primeiro diálogo de *Assim que passarem* o Jovem lembra: "Muitas vezes eu levantei à meia-noite para arrancar a relva do jardim". Pouco depois, a didascália diz: *"O relógio dá as seis"*. Ou seja, há, desde o princípio, uma equivalência metafórica entre as seis e as doze horas, o que ratifica a poética dos desdobramentos do eu e do tempo que marcam a obra, tanto quanto a ideia das seis horas como imagem da estagnação do Jovem, muito semelhante ao recurso empregado por Lorca em *Dona Rosita a solteira* para acentuar a estagnação no tempo da sua protagonista.

www.ingramcontent.com/pod-product-compliance
Lightning Source LLC
Chambersburg PA
CBHW071744090426
42738CB00011B/2568